헬라어
알파벳쓰기

알파	베타	감마	델타	엡실론
α 1	β 2	γ 3	δ 4	ϵ 5
제타	에타	데타	이오타	캎파
ζ 7	η 8	θ 9	ι 10	κ 20
람다	뮈	뉘	크시	오미크론
λ 30	μ 40	ν 50	ξ 60	ο 70
피	로	시그마	타우	윕실론
π 80	ρ 100	σς 200	τ 300	υ 400
피	키	프시	오메가	
φ 500	χ 600	ψ 700	ω 800	

헬라어의 특징과 서문

α 1 사용하지 못하게 된 히브리어의 대체 언어

바벨론 유수 이후 히브리어 사용은 제한되고 잊혀져 갔다.
로마시대에 성경을 기록하는 대체 언어로 헬라어를 쓰게 되었다.

β 2 히브리어의 의미를 고스란히 담고 있다.

비록 헬라어를 쓰지만 히브리어의 의미와 담겨 있는 사상을
헬라어를 통해 고스란히 전하고 있다.

γ 3 문법을 통해 의미와 연관성에 주목하자.

헬라어는 문법을 통해 히브리어 보다 생생한 의미전달이 가능하다.
그러므로 더 깊은 구약 해석도 가능해진다.

δ 4 들어가기 쉽지만 나오는 것은 어렵다.

영어의 뿌리가 되는 알파벳과 현대어와 비슷한 문법체계 때문에
입문은 쉽지만 복잡한 어미변화가 머리를 아프게 한다.

ε 5 현대 영어 알파벳 발전 단계의 중간적 위치

영어와 그 외 다양한 현대 언어와의 유사성을 발견하게 된다.
이 또한 헬라어 공부의 재미이다.

헬라어 알파벳의 핵심

히브리어와의 관계 이해

구약성경 히브리어의 정신을 담고 있는 헬라어

바벨론 유수 이후 이스라엘 민족은 주변 민족들과 섞여 살면서 생활용어로서의 히브리어는 점점 잊혀졌습니다. 히브리어는 성례전이나 성경 연구를 하는 랍비들만 쓰는 언어가 되었습니다. 이에 히브리어성경을 헬라어로 번역하기 이릅니다. 그것이 70인역 성경입니다. 따라서 성경을 번역하는 랍비들은 숙고와 논의를 거쳐 히브리어 단어의 의미를 잘 전달할 수 있는 단어와 문체로 선별하여 번역하였습니다.

헬라어로 성경이 씌여진 가슴 아픈 사연 그러나 반전?

히브리어는 원래 모음 없이 자음만으로 구성되어 있었고 정확한 독음도 전해지지 않아 마소라 학파(AD500~950년)가 성경 본문에 모음을 첨가하여 정확하게 외워 읽히도록 하였습니다. 그러나 결국 시대적, 종교적 요구와 각지에 흩어져 있는 이스라엘 백성들이 공통의 본문을 가지기 위해 헬라어로 번역하였습니다. 이 과정에서 히브리어에는 희미했던 문법적 요소들이 구체적으로 적용이 되었고 시간, 상태, 주체가 분명한 헬라어의 특성이 반영된 역동적이고 알기 쉬운 성경이 탄생하게 된 것입니다.

타임머신 헬라어

성서 헬라어는 고대어로서 문법적 적용과 그 뿌리를 두고 일정 부분 이견이 없는 것은 아닙니다. 그러나 성경을 읽으며 생생한 하나님의 말씀을 찾아가는데는 아무런 문제가 되지 않습니다. 언어 발달사의 중간자 위치를 차지하며 영어의 형성에도 많은 지분을 가지고 있어 현대 영어의 뿌리를 찾는 것도 헬라어 읽기의 큰 재미입니다.

본서를 통해 헬라어와 친숙해지기 바라며, 말씀의 뜻을 직접 마음에 새기는 능력이 각자 모두에게 주어지기를 간절히 소망합니다.

현대 영어와의 유사점

숫자로도 쓰인 알파벳

교본의 특징과 <u>스트롱코드</u>

교본의 특징

A 1 구약의 의미를 품은 헬라어의 특징을 설명

헬라어는 히브리어에 담긴 말씀의 의미를 품고 있습니다.
그 연결점을 본 교제를 통해 알 수 있습니다.

B 2 관련성구의 전체, 또는 구절의 일부를 수록

관련 단어가 등장하는 한글성경의 성구의 예를 수록하여
헬라어 단어의 이해를 도와줍니다.

Γ 3 헬라어의 스트롱 원어사전의 번호를 표기

해당 단어의 스트롱 콘코던스의 번호를 표기하여 사전에서
쉽고 빠르게 찾아 볼 수 있습니다.

Δ 4 연습문제 수록

본문에서 쓰면서 익힌 알파벳을 다시 한번 테스트하여
확실한 학습효과를 볼 수 있습니다.

E 5 헬라어 문법 요약 수록

헬라어에 대한 이해를 돕고 나아가 원어성경을 읽는데
필요한 기초 지식을 쌓는데 도움을 줍니다.

본서의 핵심 내용

말씀의 내면 이해

　18세기말 미국의 신학자이던 제임스 스트롱(1822~1894)이 성경 연구의 편의를 위하여 원어 성경에 등장하는 히브리어와 헬라어의 어근과 단어를 알파벳 순서대로 나열하고 고유번호를 붙인 것을 스트롱코드라고 합니다. 스트롱코드는 전세계가 공통으로 사용하는 국제공인번호입니다.

　히브리어와 구약원어성경은 어근을 따라 단어를 분류하여 연구하는 것이 기본 방법입니다. 그런데 이러한 원칙으로 편집된 사전들은 알파벳 순서대로 나열되어 있지 않아 초보자들은 물론 경험자들도 단어를 빠르고 쉽게 찾기가 어렵습니다.

　그래서 제임스 스트롱은 성경연구의 신속성과 편리성을 위하여 단어를 알파벳순으로 정렬하고 번호를 붙였습니다. 따라서 스트롱코드를 이용하면 히브리어나 헬라어 단어의 알파벳이나 음가를 몰라도 원어사전에서 단어의 의미와 어근등을 빠르게 찾을 수 있습니다.

　헬라어의 경우 어미변화가 심하거나 인칭별 변화가 어근의 형태와 너무 다른 경우가 있고 또 단어끼리 결합하여 새로운 단어를 만들기 때문에 처음 입문할때는 영어처럼 쉽게 입문해도 공부를 마치기 힘들다는 의견이 지배적입니다. 그러나 성경을 매일 읽는 마음으로 꾸준히 공부하면 결국엔 좋은 결과를 얻으실 것 입니다.

알파벳과 단어 연결

스트롱코드 표기

요한과 친해지기 & 책순서 

요한을 소개합니다.

요한은~

'요한'은 신약의 시대를 여는 엘리야 같은 존재입니다

'요한'은 몸동작으로 헬라어 알파벳이 품고 있는 구약의 비밀을 표현하여 구약과 신약을 이어주는 디딤돌 역할로 여러분의 이해와 공부를 도와드릴 것입니다.

우리의 구원자 예수님을 우리가 사는 세상으로 영접한 요한처럼 헬라어를 통해 여러분도 새로운 말씀의 비밀을 열어가시기 바랍니다

요한의 옷

'요한'은 광야에서 세례를 주던 세례 요한처럼 약대 털옷을 입었습니다.

이는 세례 요한이 먹었던 석청과 함께 율법과 부정을 상징합니다.

자신의 부정함과 죄를 인정했던 세례 요한처럼 우리의 '요한'도 온전한 자기 부정을 통해 완전한 구원이 이르기 바라고 있습니다.

책순서

헬라어 알파벳 표

대문자	소문자	발 음		로마 음가	한글 음가	숫 자	히브리어 와의 관계
A	α	알파	ἄλφα	ă, a	ㅏ	1	א
B	β	베타	βῆτα	b	ㅂ	2	ב
Γ	γ	감마	γάμμα	g	ㄱ	3	ג
Δ	δ	델타	δέλτα	d	ㄷ	4	ד
E	ε	엡실론	ἔψιλόν	ě	ㅔ(단음)	5	ה
Z	ζ	제타	ζῆτα	dz,z	ㅈ	7	ז
H	η	에타	ἦτα	e	ㅔ(장음)	8	ח
Θ	θ	데타	θῆτα	th	ㄷˆ	9	ט
I	ι	이오타	ἰῶτα	ĭ,ι	ㅣ	10	י
K	κ	캎파	κάππα	k	ㅋ	20	כ
Λ	λ	람다	λάμβδα	l	ㄹㄹ	30	ל
M	μ	뮈-	μῦ	m	ㅁ	40	מ
N	ν	뉘-	νῦ	n	ㄴ	50	נ
Ξ	ξ	크시	ξῖ	ks	ㅋㅅ	60	ס
O	ο	오미크론	ὄμικλόν	o	ㄴ(단음)	70	ע
Π	π	피-	πῖ	p	ㅍ	80	פ
P	ρ	로-	ῥῶ	r	ㄹ	100	צ
Σ	σς	시그마	σίγμα	s	ㅅ	200	ש
T	τ	타우	ταῦ	t	ㅌ	300	ת
Υ	υ	윕실론	ὑψιλόν	ü (독어)	ㄱㅣ	400	
Φ	φ	피-	φῖ	Ph,f	ㅍㅎ	500	
X	χ	키-	χῖ	ch (독어)	ㅋㅎ	600	ם
Ψ	ψ	프시	ψῖ	ps	ㅍㅅ	700	
Ω	ω	오메가	ὠμέγα	o	ㄴ(장음)	800	ב

다음 표는 편의상 한글 발음순서에 따라 헬라어 자음을 재배치하였다.
음가에 대한 자세한 설명은 문법책을 참조하십시오

자음의 분류

ㄱ	ㄴ	ㄷ	ㄹ	ㅁ	ㅂ	ㅅ	ㅇ	ㅈ
γ	ν	$\delta\theta$	$\lambda\rho$	μ	β	$\sigma\varsigma$	o	ζ

ㅊ	ㅋ	ㅌ	ㅍ	ㅎ		ㅋㅅ	ㅍㅅ	ㄹㄹ
$\kappa\xi\chi$	τ	$\pi\phi\psi$	강기식 표시로 활용.			ξ	ψ	λ

모음의 분류

* 개모음: 입을 크게 벌려 발음하는 모음 * 폐모음 : 입을 좁혀 발음하는 모음

	아	에	이	오	우
단모음	α (a)	ϵ (e)	ι (i)	o (o)	υ (u)
장모음	*경우에 따라 장,단모음 (ā)	η (ē)	*경우에 따라 장,단모음	ω	*경우에 따라 장,단모음
개모음	α	$\epsilon\eta$	η	$o\omega$	
폐모음			ι		υ

이중모음

아이	아우	에이	유	오이	우
$\alpha\iota$	$\alpha\upsilon$	$\epsilon\iota$	$\epsilon\upsilon$	$o\iota$	$o\upsilon$

* 기타: 드물게 $\eta\upsilon$ 는 '에유,유~'로 발음하고, $\omega\upsilon$ 는 '오우,우~'로 발음한다.

특수한 발음($\gamma\gamma$, $\gamma\kappa$, $\gamma\xi$, $\gamma\chi$)
1) [γ] 바로 뒤에 [γ κ ξ χ]가 연속되면, 앞의 [γ]는 'ㅇ'으로 한다.(예 : $\ddot{\alpha}\gamma\gamma\epsilon\lambda o\varsigma$ -앙겔로스)
2) [ρ]가 단어의 첫머리에 오면 [$\dot\rho$]로 표기하고 발음은 '흐르'로 한다.(예 : $\dot{\rho}\hat{\eta}\mu\alpha$ -흐레마)

숨표
모음이 첫머리에 올 경우에는 반드시 숨표(' 기식)을 표기 한다.(아,에,이,오,우,위)
1) 강기식: 거친발음(ㅎ발음) 일반 숨표(')의 반대방향($\dot{}$)이다.(예 : $\dot{o}\delta \acute{o}\varsigma$ - 오도스X, 호도스O)
2) 연기식: 발음에 영향을 주지 않으며 보통의 숨표(')와 같은 형태이다.(예 : $\dot{\epsilon}\nu$ - 엔)
3) 이중모음이 첫머리에 나올 때는 둘째 모음에 숨표를 붙인다.(예 : $o\dot{\upsilon}$, $\alpha\hat{\iota}\mu\acute{\alpha}$)
4) 엑센트와 숨표가 같이 모음 위에 표기 될 때는 숨표를 먼저 표기한다.(예 : $\ddot{\alpha}\nu\theta\rho\omega\pi o\varsigma$)

문장부호
헬라어에는 4가지 구두점이 있다.
1) 쉼표(,)와 마침표(.)
2) 콜론은 단어의 위에 (·)을 붙여서 설명을 하는 의미로 사용된다.
3) 물음표(;)는 의문을 나타낼 때 사용된다.

헬라어 읽기 – 자음과 모음 발음 분해

헬라어의 모음은 단모음과 이중모음이 있다.

단모음 : $\alpha, \epsilon, \eta, \iota, o, \upsilon, \omega$ 등의 7문자
이중모음 : 하나의 개모음($\alpha, \epsilon, \eta, o, \omega$)와 하나의 폐모음($\iota, \upsilon$)이
　　　　　 결합된 것

자음과 모음에 대한 발음 분해

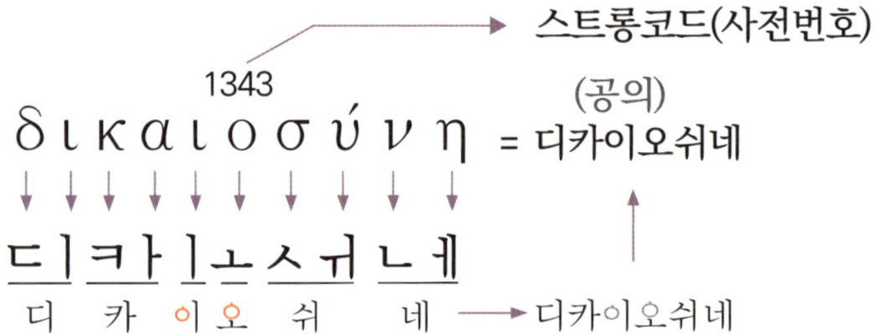

스트롱코드(사전번호)

1343

(공의)

$\delta \iota \kappa \alpha \iota o \sigma \upsilon \nu \eta$ = 디카이오쉬네

디 카 이오 쉬 네 → 디카이오쉬네

이중모음에 대한 발음분해(α, ϵ, o 에 υ 가 결합될 때)

$\alpha \dot{\upsilon}$ = 아우

846　　(그 자신)

$\alpha \dot{\upsilon} \tau \acute{o} \varsigma$ = 아우토스

아우 토 스 → 아우토스

$\epsilon \dot{\upsilon}$ = 유

2129　　(복,찬송)

$\epsilon \dot{\upsilon} \lambda o \gamma \acute{\iota} \alpha$ = 율로기아

율 로 기 아 → 율로기아

$o \dot{\upsilon}$ = 우

3772　　(하늘)

$o \dot{\upsilon} \rho \alpha \nu \acute{o} \varsigma$ = 우라노스

우 라 노 스 → 우라노스

이중음가에 대한 발음분해(ψ 프스, ξ 크스, λ 르르)

ψ 프스

4151 (영)
$\psi \upsilon \chi \acute{\eta}$ = 프쉬케

프스 쉬 ㅋ ㅔ
프 쉬 케 → 프쉬케

ξ 크스

3581 (이방인)
$\xi \acute{\epsilon} \nu o \acute{\varsigma}$ = 크세노스

크스 ㅔ ㄴ ㅗ ㅅ
크 세 노 스 → 크세노스

λ 르르

2980 (말하다)
$\lambda \alpha \lambda \acute{\epsilon} \acute{\omega}$ = 랄레오

르르 ㅏ 르르 ㅔ ㅗ
랄 레 오 → 랄레오

γ 는 다른 γ 나 κ, ξ, χ 앞에 올때는 'ng(ㅇ)발음으로 낸다.

$\gamma\gamma$ ㅇ

32 (천사)
$\overset{"}{\alpha} \gamma \gamma \epsilon \lambda o \acute{\varsigma}$ = 앙겔로스

ㅏ ㅇ ㄱㅔ 르르 ㄴㅗ ㅅ
앙 겔 로 스 → 앙겔로스

$\gamma\kappa$ ㅇ

318 (불행)
$\acute{\alpha} \nu \acute{\alpha} \gamma \kappa \eta$ = 아낭케

ㅏ ㄴㅏ ㅇ ㅋㅔ
아 낭 케 → 아낭케

$\gamma\chi$ ㅇ

1472 (바르다)
$\acute{\epsilon} \gamma \chi \rho \acute{\iota} \omega$ = 엥크리오

ㅔ ㅇ ㅋ ㄹ ㅣ ㅗ
엥 크 리 오 → 엥크리오

$\gamma\xi$ ㅇ

2995 (목구멍)
$\lambda \acute{\alpha} \rho \upsilon \gamma \xi$ = 라륑크스

ㄹㅏ 르 ㅟ ㅇ 크스
라 륑 크스 → 라륑크스

알파

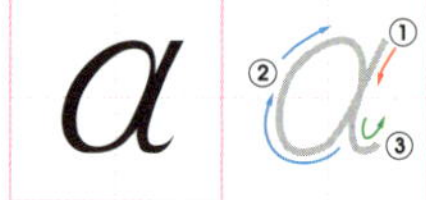

베타

감마

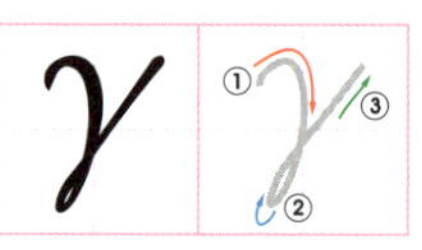

델타

엡실론

제타

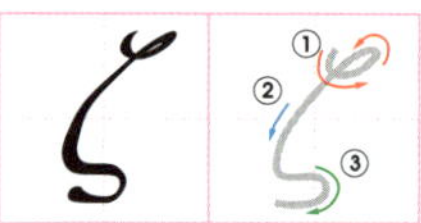

에타

데타

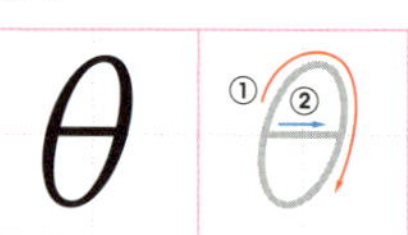

이오타

카파

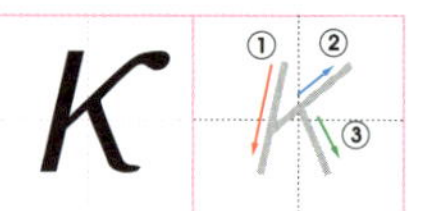

람다

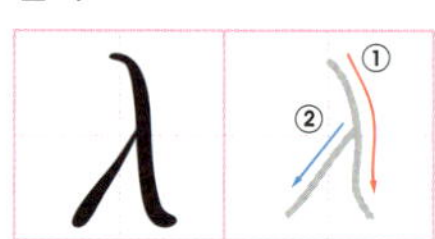

뮈

뉘

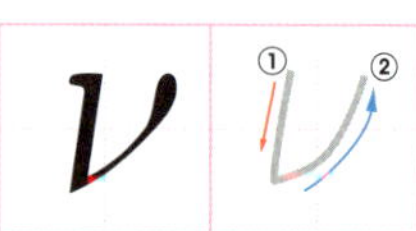

크시

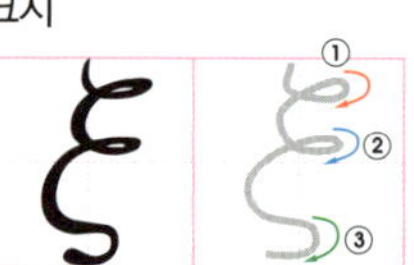

오미크론

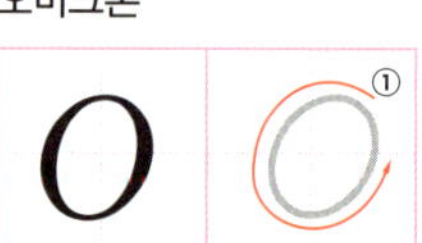

피

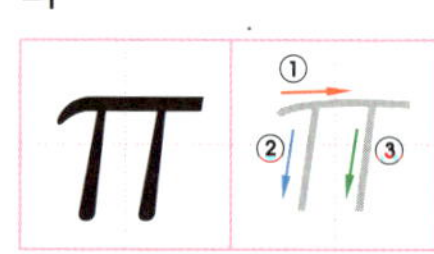

로

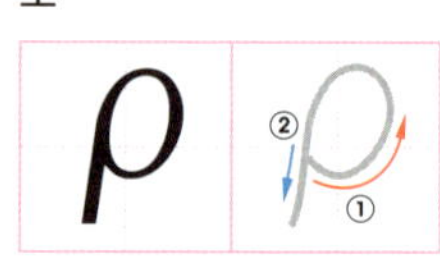

시그마

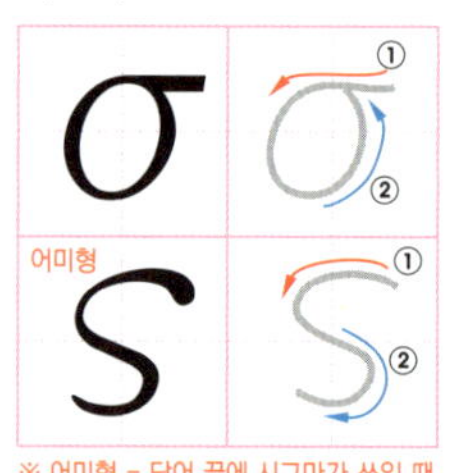

어미형

※ 어미형 – 단어 끝에 시그마가 쓰일 때

타우

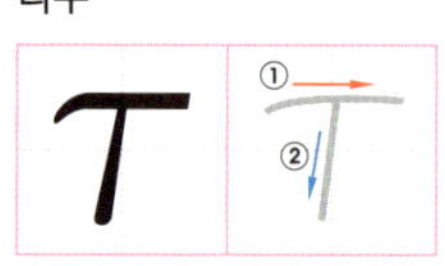

윕실론

피

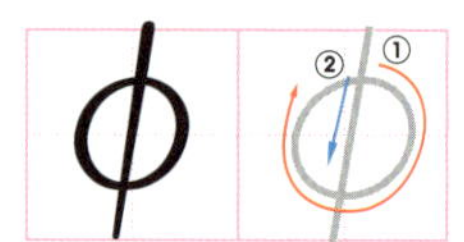

키

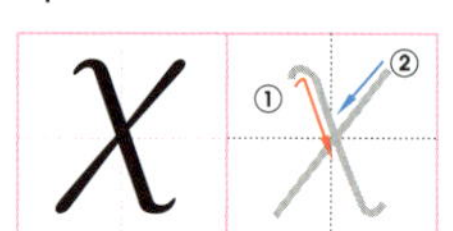

프시

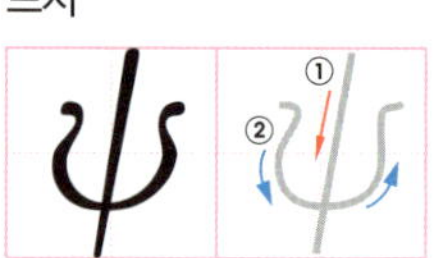

오메가

알파

베타
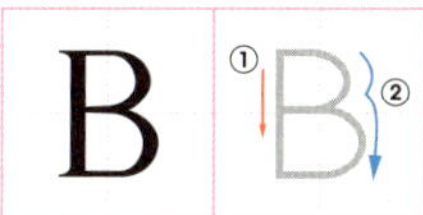

감마
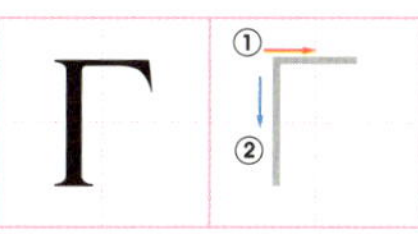

델타
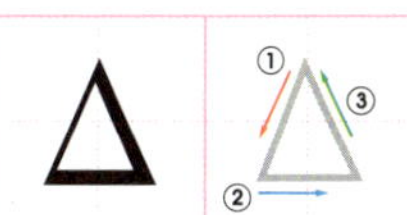

엡실론
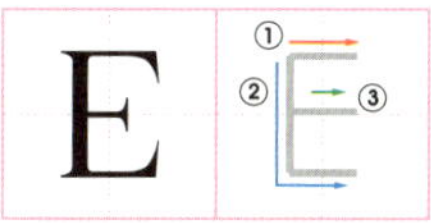

제타
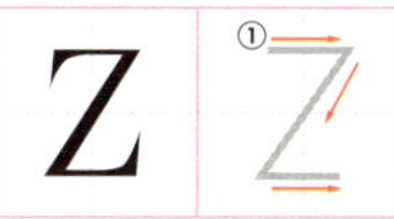

에타
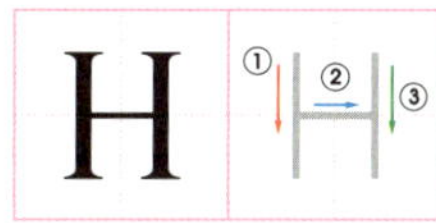

데타
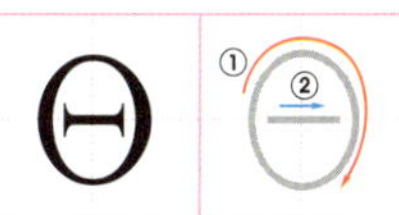

이오타
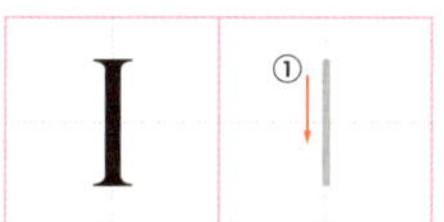

카파
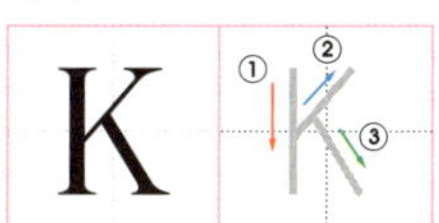

람다
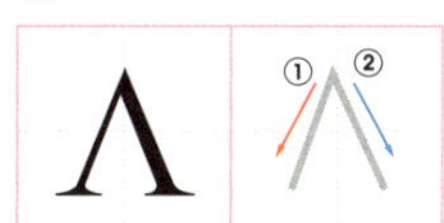

뮈
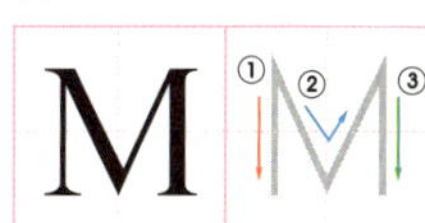

뉘

크시
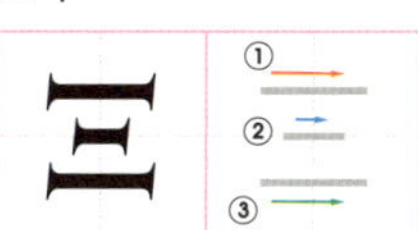

오미크론

피
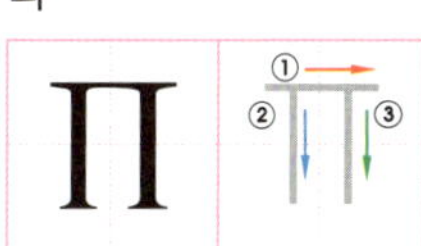

로
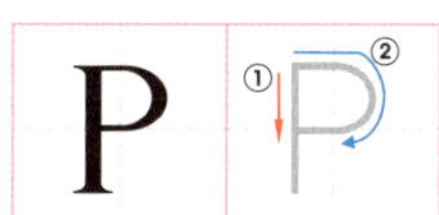

시그마
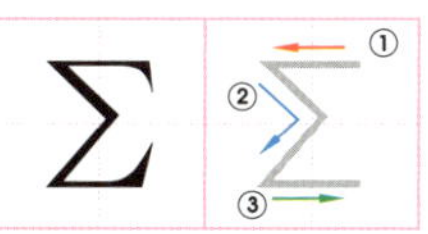

타우
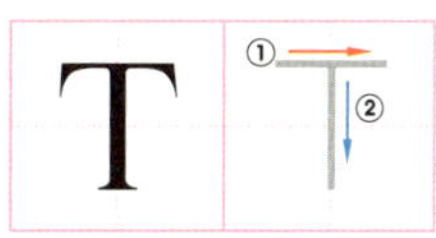

윕실론
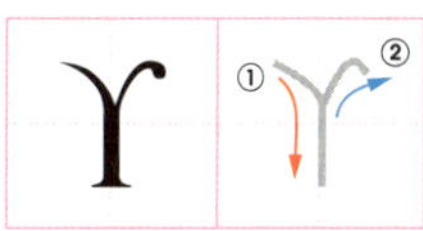

피

키
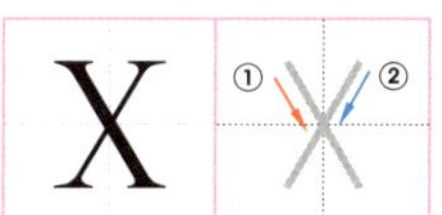

프시
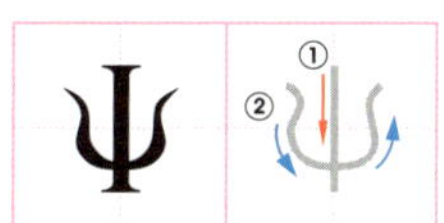

오메가
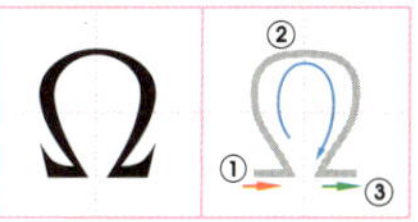

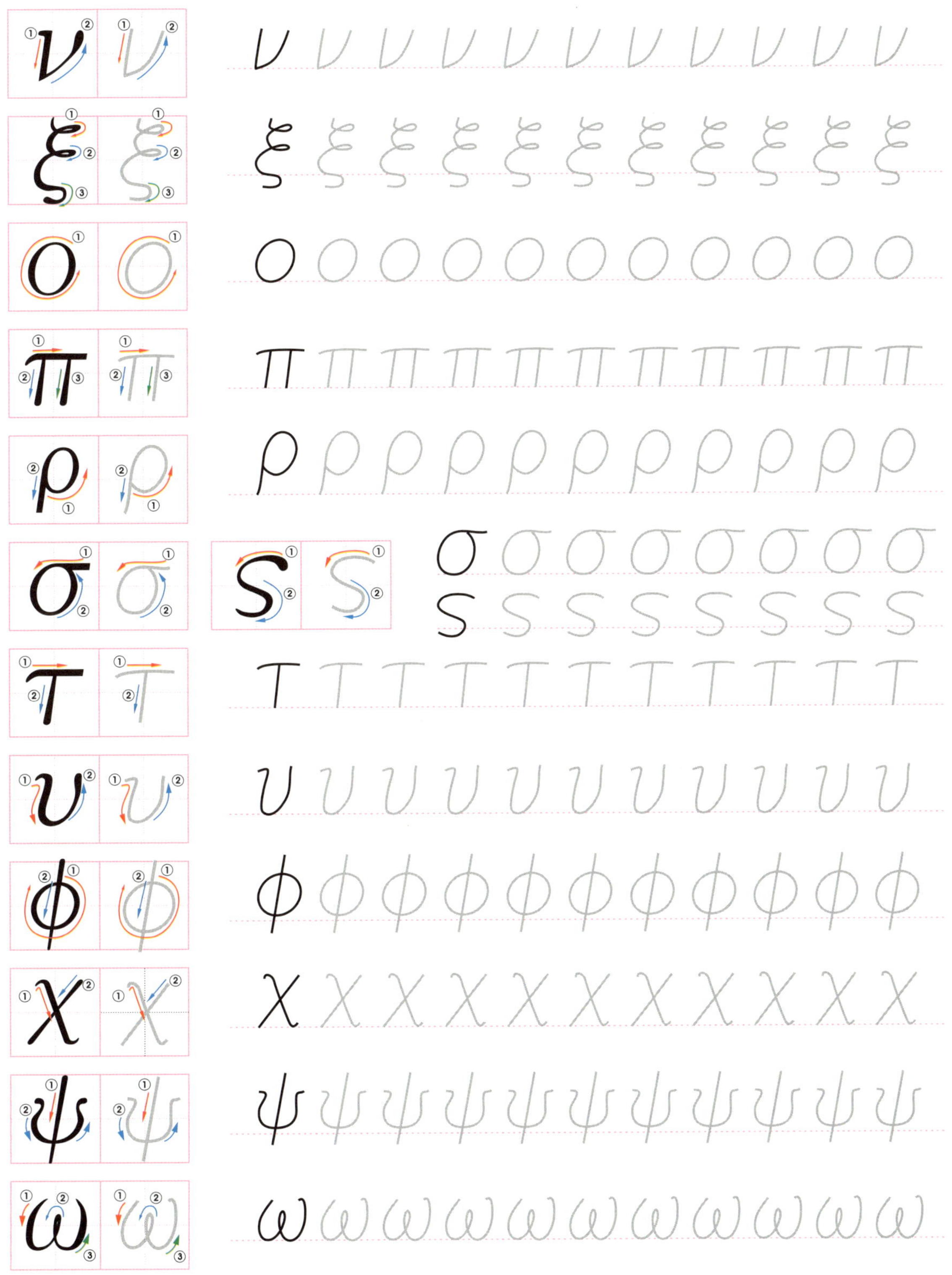

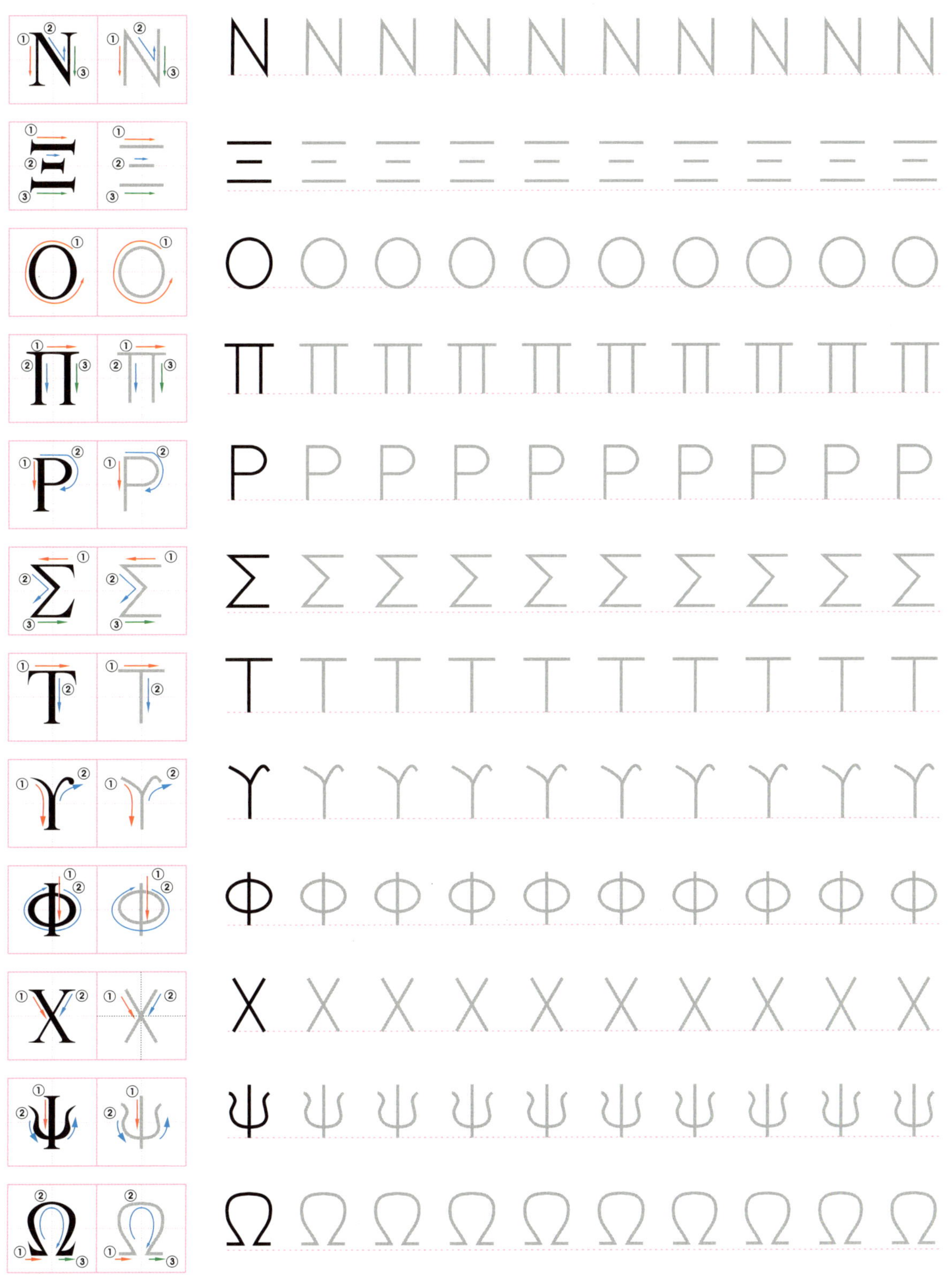

알파벳 따라 써보기 – 써보기 연습 마무리

알파벳 세로 쓰기 – 소문자

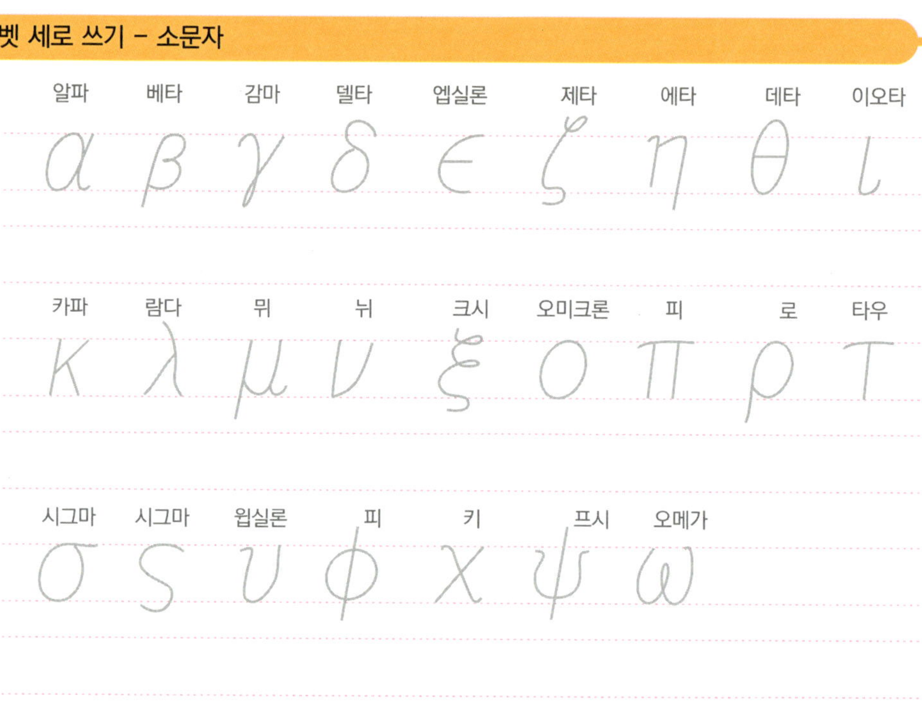

알파벳 세로 쓰기 – 대문자

1

$$\alpha$$

알파

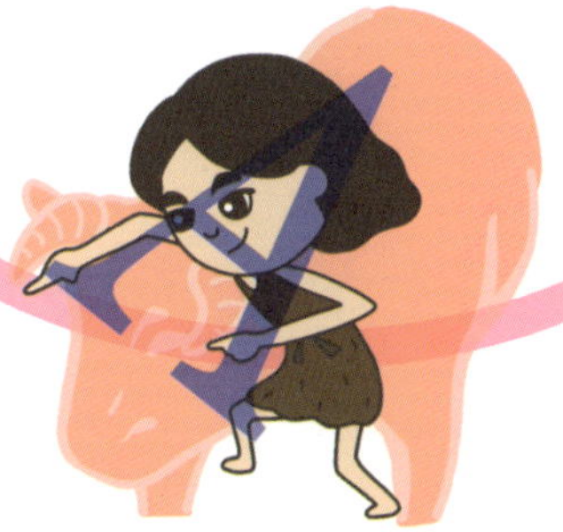

'알파'는 소의 머리와 뿔을 형상화한 문자가 변화된 것이다.

파생된 의미 : 근원, 원천, 힘, 존재, 시작, 가능성, 남자, 생명이 있는 존재

문자의 변천 : A(영어) ⟵ ⟶ A α (헬라어)

'알파벳의 신비' - 마르크스 우아크냉(프랑스 랍비) 참고

알파 *ἄλφα*

α α α α α α α α

A A A A A A A A

알파 *ἄλφα*

알파 *ἄλφα*

단어 써보기

ἄνθρωπος 444 안드로포스 *마10:32 / 마15:11 / 마16:26 / 마6:24 / 막2:27 / 막7:8, 21 / 행5:29 사람(남, 여)

ἄνθρωπος	ἄνθρωπος	ἄνθρωπος	ἄνθρωπος
ἄνθρωπος	ἄνθρωπος	ἄνθρωπος	ἄνθρωπος
ἄνθρωπος	ἄνθρωπος	ἄνθρωπος	ἄνθρωπος
ἄνθρωπος	ἄνθρωπος	ἄνθρωπος	ἄνθρωπος
ἄνθρωπος	ἄνθρωπος	ἄνθρωπος	ἄνθρωπος
ἄνθρωπος	ἄνθρωπος	ἄνθρωπος	ἄνθρωπος
ἄνθρωπος	ἄνθρωπος	ἄνθρωπος	ἄνθρωπος
ἄνθρωπος	ἄνθρωπος	ἄνθρωπος	ἄνθρωπος
ἄνθρωπος	ἄνθρωπος	ἄνθρωπος	ἄνθρωπος
ἄνθρωπος	ἄνθρωπος	ἄνθρωπος	ἄνθρωπος
ἄνθρωπος	ἄνθρωπος	ἄνθρωπος	ἄνθρωπος
ἄνθρωπος	ἄνθρωπος	ἄνθρωπος	ἄνθρωπος

마4:19 - 나를 따라오라 내가 너희를 [사람]을 낚는 어부가 되게 하리라

마4:4 - 기록되었으되 [사람이] 떡으로만 살 것이 아니요 하나님의 입으로부터 나오는 모든 말씀으로 살 것이라 하였느니라 하시니

고전15:45 - 기록된바 첫 [사람] 아담은 생령이 되었다 함과 같이 마지막 아담은 살려주는 영이 되었나니

2

β

베타

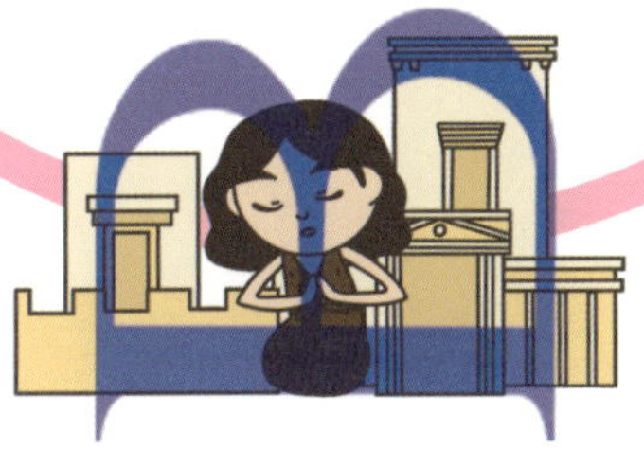

'베타'는 집을 형상화한 문자가 변화된 것이다.

문자 고고학

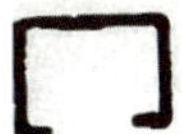

파생된 의미 : 집, 내부, 은밀함, 화덕,양식, 은신처, 하늘, 가족의 삶

문자의 변천 : B(영어) ⟵ ב ⟶ B β (헬라어)

'알파벳의 신비' - 마르크스 우아크냉(프랑스 랍비) 참고

베타 βῆτα

β β β β β β β β β
β β β β β β β β
β β β β β β β β β
β β β β β β β β β
β β β β β β β β β
β β β β β β β β β
β β β β β β β β β
β β β β β β β β β
β β β β β β β β β
β β β β β β β β β
β β β β β β β β β
β β β β β β β β β

B B B B B B B B B
B B B B B B B B B

베타 βῆτα

βρῶσις 1035 브로시스 *마6:19, 20 / 롬14:17 / 고전8:4 / 고후9:10 / 골2:16 / 히12:16			양식 / 먹는 행위
βρῶσις	βρῶσις	βρῶσις	βρῶσις
βρῶσις	βρῶσις	βρῶσις	βρῶσις
βρῶσις	βρῶσις	βρῶσις	βρῶσις
βρῶσις	βρῶσις	βρῶσις	βρῶσις
βρῶσις	βρῶσις	βρῶσις	βρῶσις
βρῶσις	βρῶσις	βρῶσις	βρῶσις
βρῶσις	βρῶσις	βρῶσις	βρῶσις
βρῶσις	βρῶσις	βρῶσις	βρῶσις
βρῶσις	βρῶσις	βρῶσις	βρῶσις
βρῶσις	βρῶσις	βρῶσις	βρῶσις
βρῶσις	βρῶσις	βρῶσις	βρῶσις
βρῶσις	βρῶσις	βρῶσις	βρῶσις

요 4:32 - 이르시되 내게는 너희가 알지 못하는 먹을 [양식]이 있느니라

요 6:55 - 내 살은 참된 [양식]이요 내 피는 참된 음료로다

롬 14:17 - 하나님의 나라는 [먹는 것]이 아니요 오직 성령 안에 있는 의와 평강과 희락이라

γ

3

감마

'감마'는 낙타를 형상화한 문자가 변화된 것이다.

파생된 의미 : 선행하기, 타자를 향하여 가져감, 단절, 자기에게서 벗어남.
문자의 변천 : C (영어) ⟵ ⟶ Γγ (헬라어)

'알파벳의 신비' – 마르크스 우아크냉(프랑스 랍비) 참고

감마 _γámma_

감마 *γάμμα*

γλῶσσα 1100 글롯사 *고전 14:6~39 / 약 3:8 / 계 10:11 / 계 17:15   혀, 방언

γλῶσσα	γλῶσσα	γλῶσσα	γλῶσσα
γλῶσσα	γλῶσσα	γλῶσσα	γλῶσσα
γλῶσσα	γλῶσσα	γλῶσσα	γλῶσσα
γλῶσσα	γλῶσσα	γλῶσσα	γλῶσσα
γλῶσσα	γλῶσσα	γλῶσσα	γλῶσσα
γλῶσσα	γλῶσσα	γλῶσσα	γλῶσσα
γλῶσσα	γλῶσσα	γλῶσσα	γλῶσσα
γλῶσσα	γλῶσσα	γλῶσσα	γλῶσσα
γλῶσσα	γλῶσσα	γλῶσσα	γλῶσσα
γλῶσσα	γλῶσσα	γλῶσσα	γλῶσσα
γλῶσσα	γλῶσσα	γλῶσσα	γλῶσσα
γλῶσσα	γλῶσσα	γλῶσσα	γλῶσσα

행 2:3 - 마치 불의 [혀]처럼 갈라지는 것들이 그들에게 보여 각 사람 위에
행 2:4 - 그들이 다 성령의 충만함을 받고 성령이 말하게 하심을 따라 다른 [언어들로]
말하기를 시작하니라
고전 14:5 - 나는 너희가 다 [방언] 말하기를 원하나 특별히 예언하기를 원하노라 만일
[방언]을 말하는 자가 통역하여 교회의 덕을 세우지 아니하면

4 δ 델타

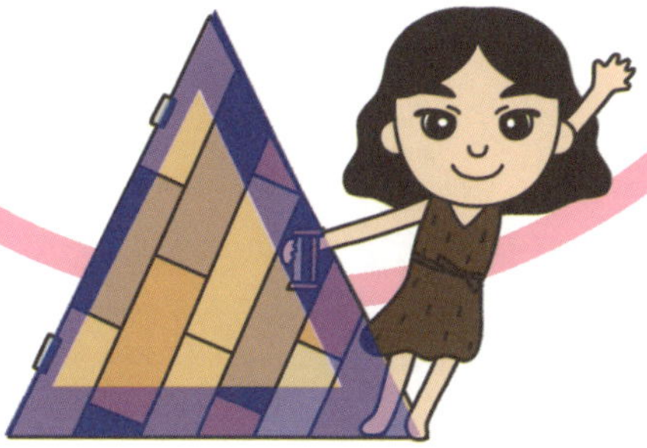

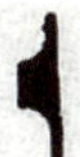

'델타'는 문을 형상화한 문자가 변화된 것이다.

문자 고고학

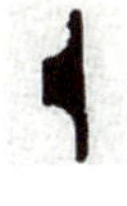

파생된 의미 : 들어가기, 나가기, 순환, 흐름, 후손, 풍성함, 뿌리기, 겸손, 배출.
문자의 변천 : D (영어) ⟵ ד ⟶ Δ δ (헬라어)

'알파벳의 신비' - 마르크스 우아크냉(프랑스 랍비) 참고

델타 δέλτα

제타 ζητα

ζωή 2222 조에 *마 19:17, 빌 4:3, 히 7:3, 요일 3:15, 계 22:14			생명, 살아있는 상태
ζωή	ζωή	ζωή	ζωή
ζωή	ζωή	ζωή	ζωή
ζωή	ζωή	ζωή	ζωή
ζωή	ζωή	ζωή	ζωή
ζωή	ζωή	ζωή	ζωή
ζωή	ζωή	ζωή	ζωή
ζωή	ζωή	ζωή	ζωή
ζωή	ζωή	ζωή	ζωή
ζωή	ζωή	ζωή	ζωή
ζωή	ζωή	ζωή	ζωή
ζωή	ζωή	ζωή	ζωή
ζωή	ζωή	ζωή	ζωή

요 11:25 - 나는 부활이요 [생명이니] 나를 믿는 자는 죽어도 살겠고

요 1:4 - 그 안에 [생명이] 있었으니 이 생명은 사람들의 빛이라

요 6:48 - 내가 곧 [생명의] 떡이니라

요 6:33 - 하나님의 떡은 하늘에서 내려 세상에 [생명을] 주는 것이니라

η

8

에타

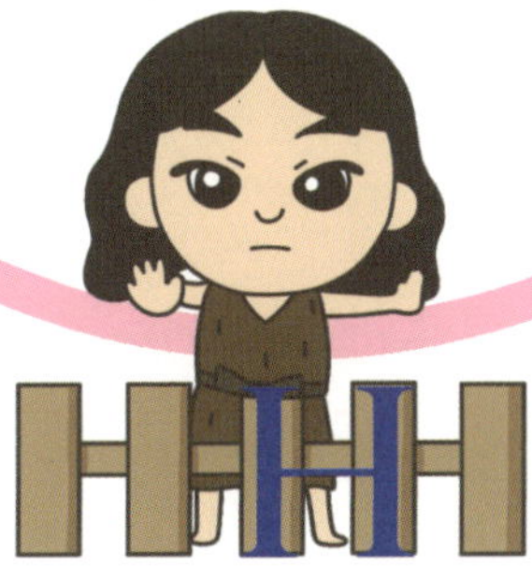

'에타'는 울타리를 형상화한 문자가 변화된 것이다.

파생된 의미 : 잘못, 띠, 현재, 벽, 성벽, 구역.

문자의 변천 : H (영어) ⟵ ⨅ ⟶ H η (헬라어)

'알파벳의 신비' - 마르크스 우아크냉(프랑스 랍비) 참고

에타 ῆτα

에타 $\hat{\eta}\tau\alpha$

ἡμέρα 2250 헤메라 * 눅2:6 / 눅5:35 / 눅21:37 / 계 21:25			날 / 낮 / 때
ἡμέρα	ἡμέρα	ἡμέρα	ἡμέρα
ἡμέρα	ἡμέρα	ἡμέρα	ἡμέρα
ἡμέρα	ἡμέρα	ἡμέρα	ἡμέρα
ἡμέρα	ἡμέρα	ἡμέρα	ἡμέρα
ἡμέρα	ἡμέρα	ἡμέρα	ἡμέρα
ἡμέρα	ἡμέρα	ἡμέρα	ἡμέρα
ἡμέρα	ἡμέρα	ἡμέρα	ἡμέρα
ἡμέρα	ἡμέρα	ἡμέρα	ἡμέρα
ἡμέρα	ἡμέρα	ἡμέρα	ἡμέρα
ἡμέρα	ἡμέρα	ἡμέρα	ἡμέρα
ἡμέρα	ἡμέρα	ἡμέρα	ἡμέρα
ἡμέρα	ἡμέρα	ἡμέρα	ἡμέρα

막 13:32 - 그러나 그 [날]과 그 때는 아무도 모르나니 하늘에 있는 천사들도, 아들도 모르고 아버지만 아시느니라

눅 6:12 - 이 [때]에 예수께서 기도하시러 산으로 가사 밤이 새도록 하나님께

눅 11:3 - 우리에게 [날]마다 일용할 양식을 주시옵고

마 6:34 - 내일 일은 내일 염려할 것이요 한 날 괴로움은 그[날에] 족하니라

Θ

9

θ

데타

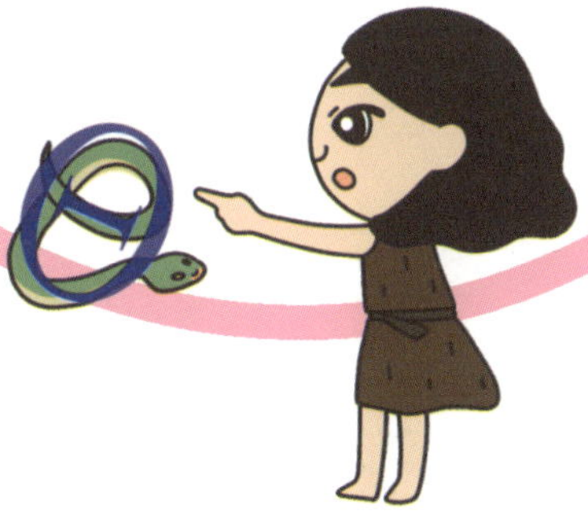

'데타'는 뱀을 형상화한 문자가 변화된 것이다.

파생된 의미 : 덮기, 덮개, 보존하기, 지붕, 구조, 보호

문자의 변천 : T (영어) ⟵ ⟶ Θ θ (헬라어)

'알파벳의 신비' - 마르크스 우아크냉(프랑스 랍비) 참고

데타 $\theta\tilde{\eta}\tau\alpha$

데타 $\theta\hat{\eta}\tau\alpha$

θάνατος 2288 다나토스	*마 4:16 / 롬 5:12 / 롬 6:23 / 롬 8:6 / 약 1:15		사망 / 죽음
θάνατος	θάνατος	θάνατος	θάνατος
θάνατος	θάνατος	θάνατος	θάνατος
θάνατος	θάνατος	θάνατος	θάνατος
θάνατος	θάνατος	θάνατος	θάνατος
θάνατος	θάνατος	θάνατος	θάνατος
θάνατος	θάνατος	θάνατος	θάνατος
θάνατος	θάνατος	θάνατος	θάνατος
θάνατος	θάνατος	θάνατος	θάνατος
θάνατος	θάνατος	θάνατος	θάνατος
θάνατος	θάνατος	θάνατος	θάνατος
θάνατος	θάνατος	θάνατος	θάνατος
θάνατος	θάνατος	θάνατος	θάνατος

눅 2:26 - 그가 주의 그리스도를 보기 전에는 [죽지] 아니하리라 하는 성령의

요 8:51 - 사람이 내 말을 지키면 영원히 [죽음을] 보지 아니하리라

롬 8:2 - 이는 그리스도 예수 안에 있는 생명의 성령의 법이 죄와 [사망의] 법에서

너를 해방하였음이라 아들도 모르고 아버지만 아시느니라

I

10

ι

이오타

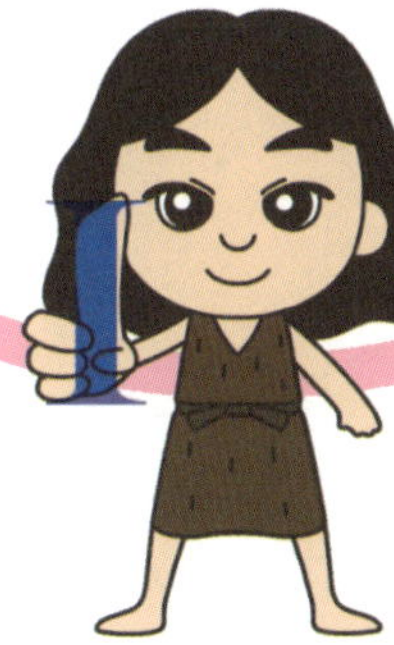

'이오타'는 손을 형상화한 문자가 변화된 것이다.

문자 고고학

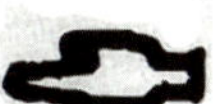

파생된 의미 : 증명, 명령, 밝히기, 보여주기, 축복, 주기

문자의 변천 : I, Y, J (영어) ⟵ י ⟶ Ι ι (헬라어)

'알파벳의 신비' - 마르크스 우아크냉(프랑스 랍비) 참고

이오타 $\iota \widehat{\omega} \tau \alpha$

이오타 $\iota\omega\tau\alpha$

ἰχθύς 2486 익뒤스   물고기

ἰχθύς	ἰχθύς	ἰχθύς	ἰχθύς
ἰχθύς	ἰχθύς	ἰχθύς	ἰχθύς
ἰχθύς	ἰχθύς	ἰχθύς	ἰχθύς
ἰχθύς	ἰχθύς	ἰχθύς	ἰχθύς
ἰχθύς	ἰχθύς	ἰχθύς	ἰχθύς
ἰχθύς	ἰχθύς	ἰχθύς	ἰχθύς
ἰχθύς	ἰχθύς	ἰχθύς	ἰχθύς
ἰχθύς	ἰχθύς	ἰχθύς	ἰχθύς
ἰχθύς	ἰχθύς	ἰχθύς	ἰχθύς
ἰχθύς	ἰχθύς	ἰχθύς	ἰχθύς
ἰχθύς	ἰχθύς	ἰχθύς	ἰχθύς
ἰχθύς	ἰχθύς	ἰχθύς	ἰχθύς

마 14:17 - 여기 우리에게 있는 것은 떡 다섯 개와 [물고기] 두 마리뿐이니이다

고전 15:39 - 육체는 다 같은 육체가 아니니 하나는 사람의 육체요 하나는 짐승 육체요
하나는 새의 육체요 하나는 [물고기의] 육체라

마 17:27 - 그러나 우리가 그들이 실족하지 않게 하기 위하여 네가 바다에 가서 낚시를 던져 먼저
오르는 [고기를] 가져 입을 열면 돈 한 세겔을 얻을 것이니 …

20

κ

카파

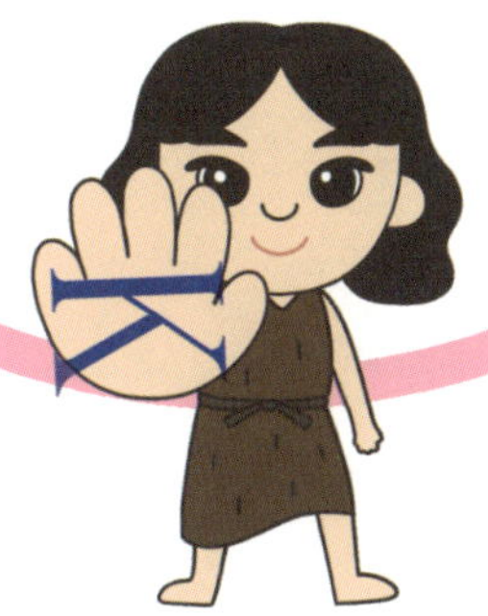

'카파'는 펼친 '손'을 형상화한 문자가 변화된 것이다.

문자 고고학

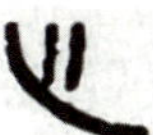

파생된 의미 : 잡기, 주기, 교환

문자의 변천 : K (영어) ⟵ כ ⟶ K Κ (헬라어)

'알파벳의 신비' - 마르크스 우아크냉(프랑스 랍비) 참고

카파 *κάππα*

카파 _κάππα_

καιρός 2540 카이로스	*벧전 5:6 / 계 12:4 / 계 22:10		때 / 시기
καιρός	καιρός	καιρός	καιρός
καιρός	καιρός	καιρός	καιρός
καιρός	καιρός	καιρός	καιρός
καιρός	καιρός	καιρός	καιρός
καιρός	καιρός	καιρός	καιρός
καιρός	καιρός	καιρός	καιρός
καιρός	καιρός	καιρός	καιρός
καιρός	καιρός	καιρός	καιρός
καιρός	καιρός	καιρός	καιρός
καιρός	καιρός	καιρός	καιρός
καιρός	καιρός	καιρός	καιρός
καιρός	καιρός	καιρός	καιρός

마 21:34 - 열매 [거둘 때가] 가까우매 그 열매를 받으려고 자기 종들을 농부들
마 24:45 - 주인에게 그 집 사람들을 맡아 [때를] 따라 양식을 나눠 줄 자가 누구냐
요 7:6 - 내 [때는] 아직 이르지 아니하였거니와 너희 [때는] 늘 준비되어 있느니라
갈 6:9 - 선을 행하되 낙심하지 말지니 포기하지 아니하면 [때가 이르매] 거두리라
히 9:10 - 육체의 예법일 뿐이며 개혁할 [때]까지 맡겨 둔 것이니라

'람다'는 '목축용 막대기'를 형상화한 문자가 변화된 것이다.

문자 고고학

파생된 의미 : 교육, 연구, 배우기, 초월, 위를 향하기

문자의 변천 : L (영어) ⟵ ⟶ Λ λ (헬라어)

'알파벳의 신비' – 마르크스 우아크냉(프랑스 랍비) 참고

람다　λάμβδα

람다 λάμβδα

λόγος 3056 로고스 ＊마5:32 / 요 12:48, 17:17 / 고전1:5, 2:4, 13 / 골2:23, 4:3, 6 / 약1:22 / 계19:13			말 / 말씀 / 이성
λόγος	λόγος	λόγος	λόγος
λόγος	λόγος	λόγος	λόγος
λόγος	λόγος	λόγος	λόγος
λόγος	λόγος	λόγος	λόγος
λόγος	λόγος	λόγος	λόγος
λόγος	λόγος	λόγος	λόγος
λόγος	λόγος	λόγος	λόγος
λόγος	λόγος	λόγος	λόγος
λόγος	λόγος	λόγος	λόγος
λόγος	λόγος	λόγος	λόγος
λόγος	λόγος	λόγος	λόγος
λόγος	λόγος	λόγος	λόγος

요 1:1 - 태초에 [말씀이] 계시니라 이 [말씀이] 하나님과 함께 계셨으니 이 말씀은 곧...

요 1:14 - [말씀이] 육신이 되어 우리 가운데 거하시매

요 10:35 - 하나님의 [말씀을] 받은 사람들을 신이라 하셨거든

요 15:25 - 율법에 기록된 바 그들이 이유 없이 나를 미워하였다 한 [말을] 응하게 하려 함이라

'뮈'는 물을 형상화한 문자가 변화된 것이다.

파생된 의미 : 물, 역동성, 흐름

문자의 변천 : M (영어) ⟵ 〔 ⟶ Mμ (헬라어)

'알파벳의 신비' - 마르크스 우아크냉(프랑스 랍비) 참고

뮈 μῦ

뮈 μῦ

μετάνοια 3341 메타노이아	* 행 26:20 / 딤후 2:25 / 고후 7:10 / 히 12:7 / 벧후 3:9		회개 / 뉘우침
μετάνοια	μετάνοια	μετάνοια	μετάνοια
μετάνοια	μετάνοια	μετάνοια	μετάνοια
μετάνοια	μετάνοια	μετάνοια	μετάνοια
μετάνοια	μετάνοια	μετάνοια	μετάνοια
μετάνοια	μετάνοια	μετάνοια	μετάνοια
μετάνοια	μετάνοια	μετάνοια	μετάνοια
μετάνοια	μετάνοια	μετάνοια	μετάνοια
μετάνοια	μετάνοια	μετάνοια	μετάνοια
μετάνοια	μετάνοια	μετάνοια	μετάνοια
μετάνοια	μετάνοια	μετάνοια	μετάνοια
μετάνοια	μετάνοια	μετάνοια	μετάνοια
μετάνοια	μετάνοια	μετάνοια	μετάνοια

마 3:11 - 나는 너희로 [회개하게 하기] 위하여 물로 세례를 베풀거니와

행 5:31 - 이스라엘에게 [회개함과] 죄 사함을 주시려고 그를 오른손으로 높이사

행 13:24 - 그가 오시기에 앞서 요한이 먼저 [회개의] 세례를 이스라엘 모든 백성에게 전파하니라

행 20:21 - 유대인과 헬라인들에게 하나님께 대한 [회개]와 우리 주 예수 그리스도

50

ν

뉘

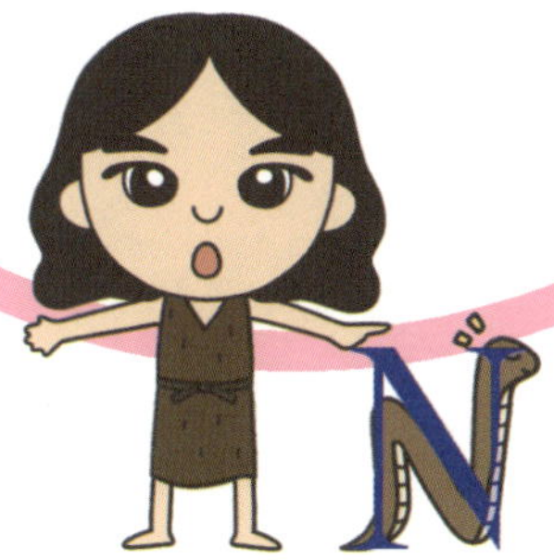

'뉘'는 지혜(뱀)를 형상화한 문자가 변화된 것이다.

파생된 의미 : 숨겨져 있는 것, 내밀한 것, 어린아이

문자의 변천 : N (영어) ⟵ ⟶ N ν (헬라어)

'알파벳의 신비' – 마르크스 우아크냉(프랑스 랍비) 참고

뉘 νû

뉘 νῦ

νόμος 3551 노모스 *마 11:13, 22:40 / 요 1:17, 45, 7:23/ 히 7:28 / 고전 15:56 / 갈 2:19, 3:23 　　율법 / 법

νόμος	νόμος	νόμος	νόμος
νόμος	νόμος	νόμος	νόμος
νόμος	νόμος	νόμος	νόμος
νόμος	νόμος	νόμος	νόμος
νόμος	νόμος	νόμος	νόμος
νόμος	νόμος	νόμος	νόμος
νόμος	νόμος	νόμος	νόμος
νόμος	νόμος	νόμος	νόμος
νόμος	νόμος	νόμος	νόμος
νόμος	νόμος	νόμος	νόμος
νόμος	νόμος	νόμος	νόμος
νόμος	νόμος	νόμος	νόμος

갈 3:11 - 또 하나님 앞에서 아무도 [율법으로] 말미암아 의롭게 되지 못할 것이 분명하니 이는
　　　　의인은 믿음으로 살리라 하였음이라
롬 10:4 - 그리스도는 모든 믿는 자에게 의를 이루기 위하여 [율법의] 마침이
갈 3:17 - 내가 이것을 말하노니 하나님께서 미리 정하신 언약을 사백삼십 년 후에 생긴 [율법이]
　　　　폐기하지 못하고 그 약속을 헛되게 하지 못하리라

60

ξ

크시

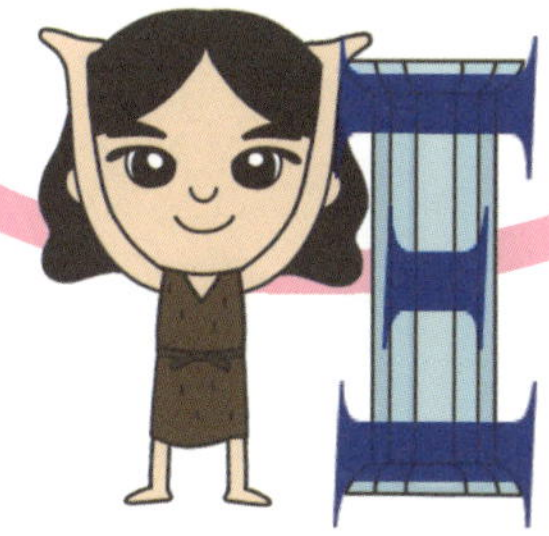

'크시'는 **물고기를 형상화한 문자가 변**화된 것으로
물고기 뼈의 기능을 차용한 '기둥'이라는 의미와
'측정'이라는 내면적 의미를 가진다.

문자 고고학

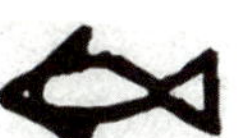

파생된 의미 : 뼈, 사다리, 봉, 숲, 말뚝, 지탱

문자의 변천 : X (영어) ⟵ ס ⟶ Ξ ξ (헬라어)

'알파벳의 신비' - 마르크스 우아크냉(프랑스 랍비) 참고

크시 ξῖ

크시 ξ̂

크시 ξ̂

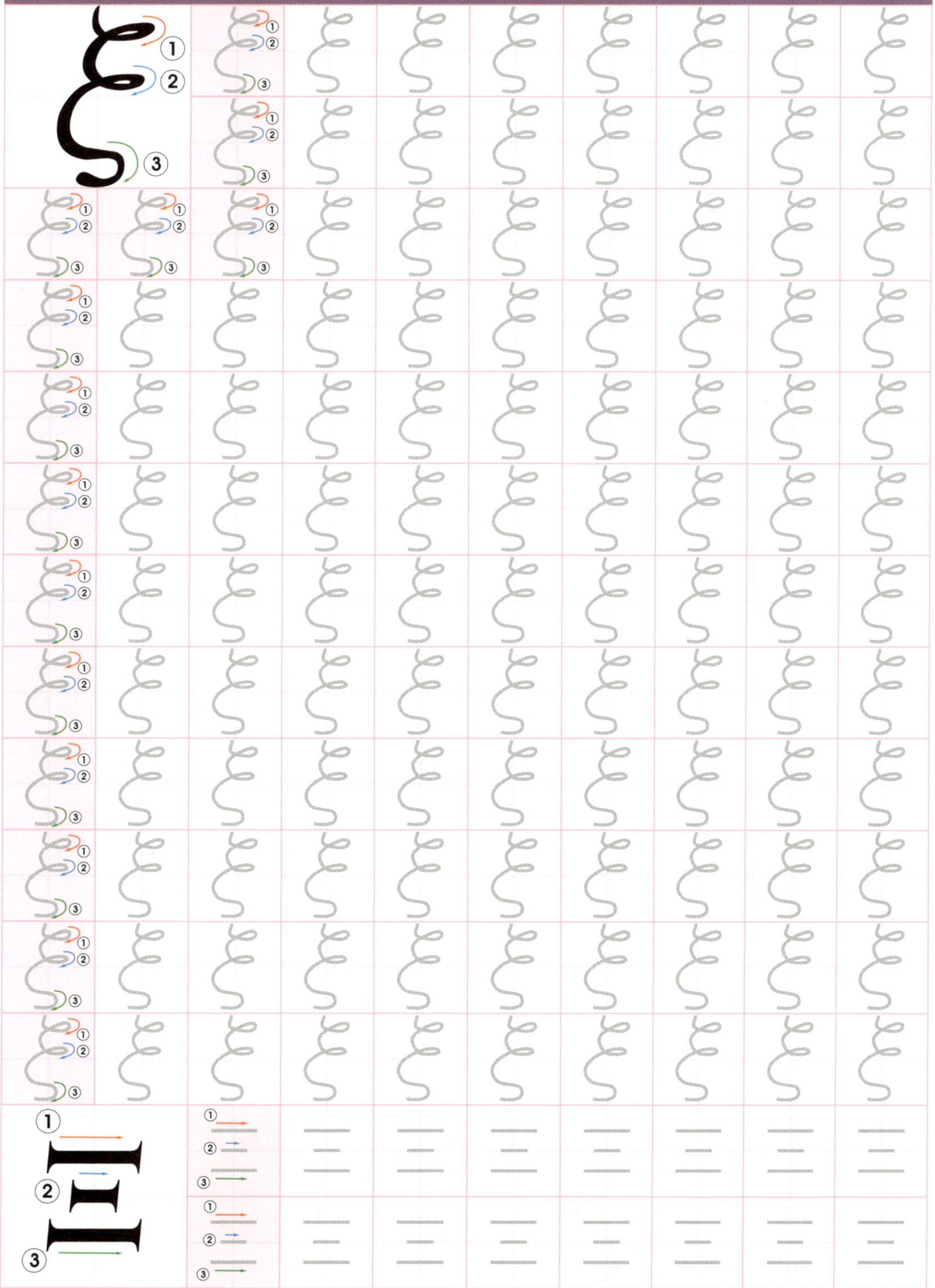

ξενίζω 3579 크세니조 *행 10:6, 18, 23, 17:20, 21:16 / 벧전 4:4			대접 / 환대
ξενίζω	ξενίζω	ξενίζω	ξενίζω
ξενίζω	ξενίζω	ξενίζω	ξενίζω
ξενίζω	ξενίζω	ξενίζω	ξενίζω
ξενίζω	ξενίζω	ξενίζω	ξενίζω
ξενίζω	ξενίζω	ξενίζω	ξενίζω
ξενίζω	ξενίζω	ξενίζω	ξενίζω
ξενίζω	ξενίζω	ξενίζω	ξενίζω
ξενίζω	ξενίζω	ξενίζω	ξενίζω
ξενίζω	ξενίζω	ξενίζω	ξενίζω
ξενίζω	ξενίζω	ξενίζω	ξενίζω
ξενίζω	ξενίζω	ξενίζω	ξενίζω
ξενίζω	ξενίζω	ξενίζω	ξενίζω

히 13:2 - 손님 대접하기를 잊지 말라 이로써 부지중에 천사들을 [대접한] 이들이

행 28:7 - 그가 우리를 영접하여 사흘이나 친절히 [머물게 하더니]

벧전 4:12 - 사랑하는 자들아 너희를 연단하려고 오는 불 시험을 이상한 일 당하는 것 같이 [이상히 여기지] 말고

70

Ο

오미크론

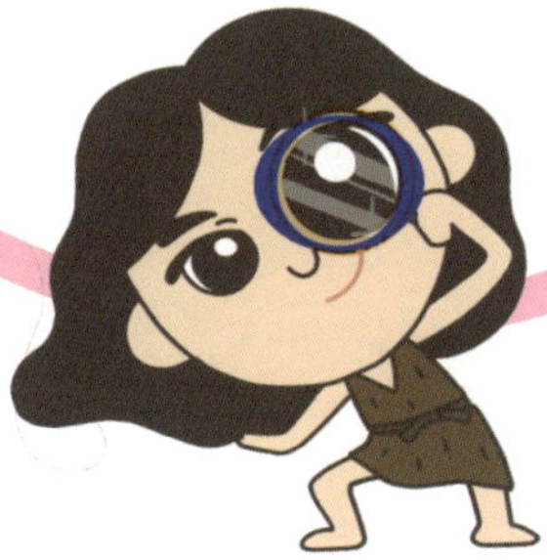

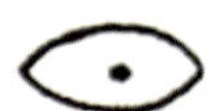

'오미크론'은 눈을 형상화한 문자가 변화된 것이다.

문자 고고학

파생된 의미 : 나타남, 사라짐, 샘, 순환, 가시적인 것.

문자의 변천 : O (영어) ⟵ ע ⟶ Ο / Ω ω (헬라어)

'알파벳의 신비' - 마르크스 우아크냉(프랑스 랍비) 참고

오미크론 *Ŏμικλόν*

오미크론 *ὄμικρόν*

ὁδός 3598 호도스	*마 3:3 / 히 9:8 / 약 1:8 / 벧후 2:15, 21 / 유 1:11 / 계16:12	길

ὁδός

마 7:13- 좁은 문으로 들어가라 멸망으로 인도하는 문은 크고 그 [길이] 넓어
마 7:14- 생명으로 인도하는 문은 좁고 [길이] 협착하여 찾는 자가 적음이라
요 14:6- 예수께서 이르시되 내가 곧 [길]이요 진리요 생명이니
눅 10:4- 전대나 배낭이나 신발을 가지지 말며 [길]에서 아무에게도 문안하지 말며
눅 20:21- 오직 진리로써 하나님의 [도를] 가르치시나이다

Π

π

피

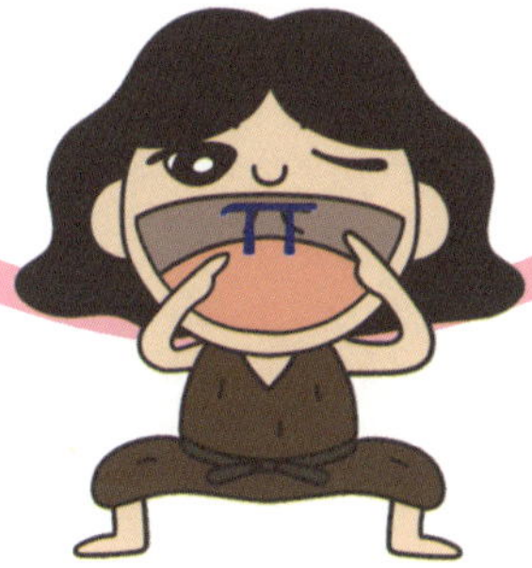

'피'는 목구멍을 형상화한 문자가 변화된 것이다.

파생된 의미 : 추출하기, 배설하기, 열림, 구전된 법.

문자의 변천 : P (영어) ⟵ Ƨ ⟶ Π π (헬라어)

'알파벳의 신비' – 마르크스 우아크냉(프랑스 랍비) 참고

피	πι

피 π̂

παράκλητος 3875 파라클레토스			보혜사
παράκλητος	*παράκλητος*	*παράκλητος*	*παράκλητος*
παράκλητος	*παράκλητος*	*παράκλητος*	*παράκλητος*
παράκλητος	*παράκλητος*	*παράκλητος*	*παράκλητος*
παράκλητος	*παράκλητος*	*παράκλητος*	*παράκλητος*
παράκλητος	*παράκλητος*	*παράκλητος*	*παράκλητος*
παράκλητος	*παράκλητος*	*παράκλητος*	*παράκλητος*
παράκλητος	*παράκλητος*	*παράκλητος*	*παράκλητος*
παράκλητος	*παράκλητος*	*παράκλητος*	*παράκλητος*
παράκλητος	*παράκλητος*	*παράκλητος*	*παράκλητος*
παράκλητος	*παράκλητος*	*παράκλητος*	*παράκλητος*
παράκλητος	*παράκλητος*	*παράκλητος*	*παράκλητος*
παράκλητος	*παράκλητος*	*παράκλητος*	*παράκλητος*

요 14:16 - 그가 또 다른 [보혜사를] 너희에게 주사 영원토록 너희와 함께
요 14:26 - [보혜사] 곧 아버지께서 내 이름으로 보내실 성령 그가 너희에게
요 15:26 - 내가 아버지께로부터 너희에게 보낼 [보혜사] 곧 아버지께로부터
요 16:7 - 내가 떠나가지 아니하면 [보혜사가] 너희에게로 오시지 아니할 것이요
요일 2:1 - 아버지 앞에서 우리에게 [대언자가] 있으니 … 예수 그리스도시라

100

ρ

로

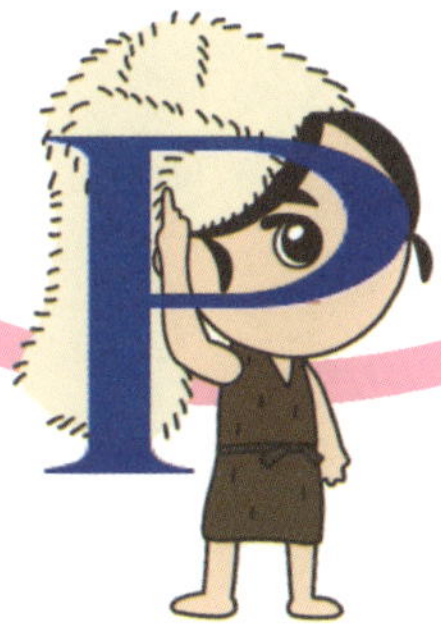

'로'는 사람의 머리를 형상화한 문자가 변화된 것이다.

파생된 의미 : 머리, 두개골, 창조, 우두머리, 새로운, 끝, 정상, 시작하기.
문자의 변천 : R (영어) ⟵ ㄱ ⟶ Ρ ρ (헬라어)

'알파벳의 신비' - 마르크스 우아크냉(프랑스 랍비) 참고

로 ῥῶ

로 ῥῶ

ῥῆμα 4487 ㅎ레마 *마 12:36, 눅 2:19, 요 12:47, 엡 6:17, 히 11:3			말 / 말씀
ῥῆμα	ῥῆμα	ῥῆμα	ῥῆμα
ῥῆμα	ῥῆμα	ῥῆμα	ῥῆμα
ῥῆμα	ῥῆμα	ῥῆμα	ῥῆμα
ῥῆμα	ῥῆμα	ῥῆμα	ῥῆμα
ῥῆμα	ῥῆμα	ῥῆμα	ῥῆμα
ῥῆμα	ῥῆμα	ῥῆμα	ῥῆμα
ῥῆμα	ῥῆμα	ῥῆμα	ῥῆμα
ῥῆμα	ῥῆμα	ῥῆμα	ῥῆμα
ῥῆμα	ῥῆμα	ῥῆμα	ῥῆμα
ῥῆμα	ῥῆμα	ῥῆμα	ῥῆμα
ῥῆμα	ῥῆμα	ῥῆμα	ῥῆμα
ῥῆμα	ῥῆμα	ῥῆμα	ῥῆμα

마 4:4 - 사람이 떡으로만 살 것이 아니요 하나님의 입으로부터 나오는 모든 [말씀]으로 살 것이라 하였느니라 하시니

요 3:34 - 하나님이 보내신 이는 하나님의 [말씀을] 하나니

요 17:8 - 나는 아버지께서 내게 주신 [말씀들을] 그들에게 주었사오며

롬 10:17 - 그러므로 믿음은 들음에서 나며 들음은 그리스도의 [말씀으로] 말미암았느니라

'시그마'는 이빨을 형상화한 문자가 변화된 것이다.

파생된 의미 : 씹기, 빨기, 발산, 보내기, 퍼트리기, 활쏘기.
문자의 변천 : S (영어) ⟵ ⟶ Σ σs (헬라어)

'알파벳의 신비' - 마르크스 우아크냉(프랑스 랍비) 참고

시그마 *σίγμα*

시그마 σίγμα

σταυρός	4716 스타우로스 * 눅 9:23, 눅 14:27, 요 19:17, 19:25, 고전 1:17, 빌 2:8, 골 1:20, 2:14		십자가, 기둥
σταυρός	σταυρός	σταυρός	σταυρός
σταυρός	σταυρός	σταυρός	σταυρός
σταυρός	σταυρός	σταυρός	σταυρός
σταυρός	σταυρός	σταυρός	σταυρός
σταυρός	σταυρός	σταυρός	σταυρός
σταυρός	σταυρός	σταυρός	σταυρός
σταυρός	σταυρός	σταυρός	σταυρός
σταυρός	σταυρός	σταυρός	σταυρός
σταυρός	σταυρός	σταυρός	σταυρός
σταυρός	σταυρός	σταυρός	σταυρός
σταυρός	σταυρός	σταυρός	σταυρός
σταυρός	σταυρός	σταυρός	σταυρός

마 16:24 - 이에 예수께서 제자들에게 이르시되 누구든지 나를 따라오려거든 자기를 부인하고 자기 [십자가를] 지고 나를 따를 것이니라

히 12:2 - 믿음의 주요 또 온전하게 하시는 이인 예수를 바라보자 그는 그 앞에 있는 기쁨을 위하여 [십자가를] 참으사 부끄러움을 개의치 아니하시더니 하나님 보좌 우편에 앉으셨느니라

300

Τ

타우

'타우'는 십자 표시를 형상화한 문자가 변화된 것이다.

문자 고고학

파생된 의미 : 표식, 장식, 만남, 결합, 완전함, 과정의 끝, 전체, 정확하게 하기.

문자의 변천 : T (영어) ⟵ ⨅ ⟶ T Τ (헬라어)

'알파벳의 신비' - 마르크스 우아크냉(프랑스 랍비) 참고

타우 *ταῦ*

타우 ταῦ

| τέλος | 5056 텔로스 | *롬 6:22, 롬 10:4, 딤전 1:5, 벧전 3:8, 4:7, 계 2:26 | 끝 / 마지막 |

τέλος	τέλος	τέλος	τέλος
τέλος	τέλος	τέλος	τέλος
τέλος	τέλος	τέλος	τέλος
τέλος	τέλος	τέλος	τέλος
τέλος	τέλος	τέλος	τέλος
τέλος	τέλος	τέλος	τέλος
τέλος	τέλος	τέλος	τέλος
τέλος	τέλος	τέλος	τέλος
τέλος	τέλος	τέλος	τέλος
τέλος	τέλος	τέλος	τέλος
τέλος	τέλος	τέλος	τέλος

마 10:22 - 또 너희가 내 이름으로 말미암아 모든 사람에게 미움을 받을 것이나 [끝]까지 견디는
　　　　 자는 구원을 얻으리라
벧전 1:9 - 믿음의 [결국] 곧 영혼의 구원을 받음이라
계 21:6 - 나는 알파와 오메가요 처음과 [마지막이라] 내가 생명수 샘물을 목마른
계 22:13 - 나는 알파와 오메가요 처음과 마지막이요 시작과 [마침이라]

400

υ

윕실론

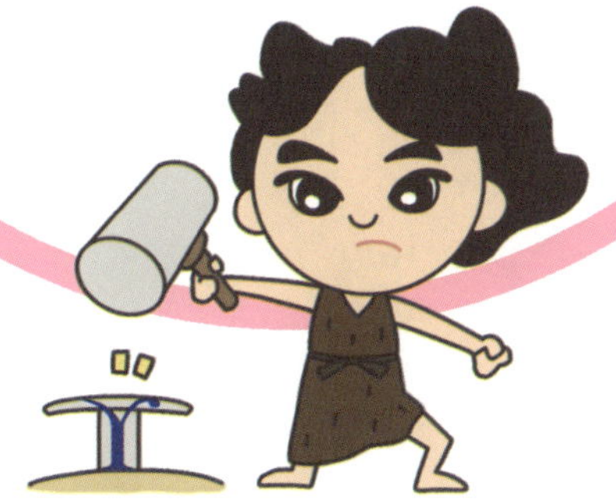

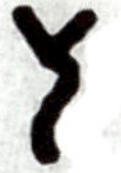

'윕실론'은 못을 형상화한 문자가 변화된 것이다.

문자 고고학

파생된 의미 : 결합, 연합, 관계, 남성, 기둥, 관

문자의 변천 : U,V,W (영어) ⟵ ㄱ ⟶ Υ υ (헬라어)

'알파벳의 신비' - 마르크스 우아크냉(프랑스 랍비) 참고

웹실론	ὑψιλόν

윕실론 *υψιλόν*

υἱοθεσία 5206 휘오데시아 * 롬 9:4   양자 / 입양

υἱοθεσία	υἱοθεσία	υἱοθεσία	υἱοθεσία
υἱοθεσία	υἱοθεσία	υἱοθεσία	υἱοθεσία
υἱοθεσία	υἱοθεσία	υἱοθεσία	υἱοθεσία
υἱοθεσία	υἱοθεσία	υἱοθεσία	υἱοθεσία
υἱοθεσία	υἱοθεσία	υἱοθεσία	υἱοθεσία
υἱοθεσία	υἱοθεσία	υἱοθεσία	υἱοθεσία
υἱοθεσία	υἱοθεσία	υἱοθεσία	υἱοθεσία
υἱοθεσία	υἱοθεσία	υἱοθεσία	υἱοθεσία
υἱοθεσία	υἱοθεσία	υἱοθεσία	υἱοθεσία
υἱοθεσία	υἱοθεσία	υἱοθεσία	υἱοθεσία
υἱοθεσία	υἱοθεσία	υἱοθεσία	υἱοθεσία
υἱοθεσία	υἱοθεσία	υἱοθεσία	υἱοθεσία

롬 8:15 - [양자의] 영을 받았으므로 우리가 아빠 아버지라고 부르짖느니라
롬 8:23 - 우리 곧 성령의 처음 익은 열매를 받은 우리까지도 속으로 탄식하여 [양자 될 것] 곧
          우리 몸의 속량을 기다리느니라
갈 4:5   - 율법 아래에 있는 자들을 속량하시고 우리로 [아들의 명분을] 얻게 하려
엡 1:5   - 그 기쁘신 뜻대로 우리를 예정하사 예수 그리스도로 말미암아 자기의 [아들들이 되게]...

기원전 12세기 미케네 문명 붕괴 이후 사라진 선문자를 대체하여
기원전 9세기 이후 페니키아 문자를 기초로 만들어진 새로운 그리스어 중에서
셈어로는 표현할 수 없었던 세가지 문자 중 하나.

피 φî

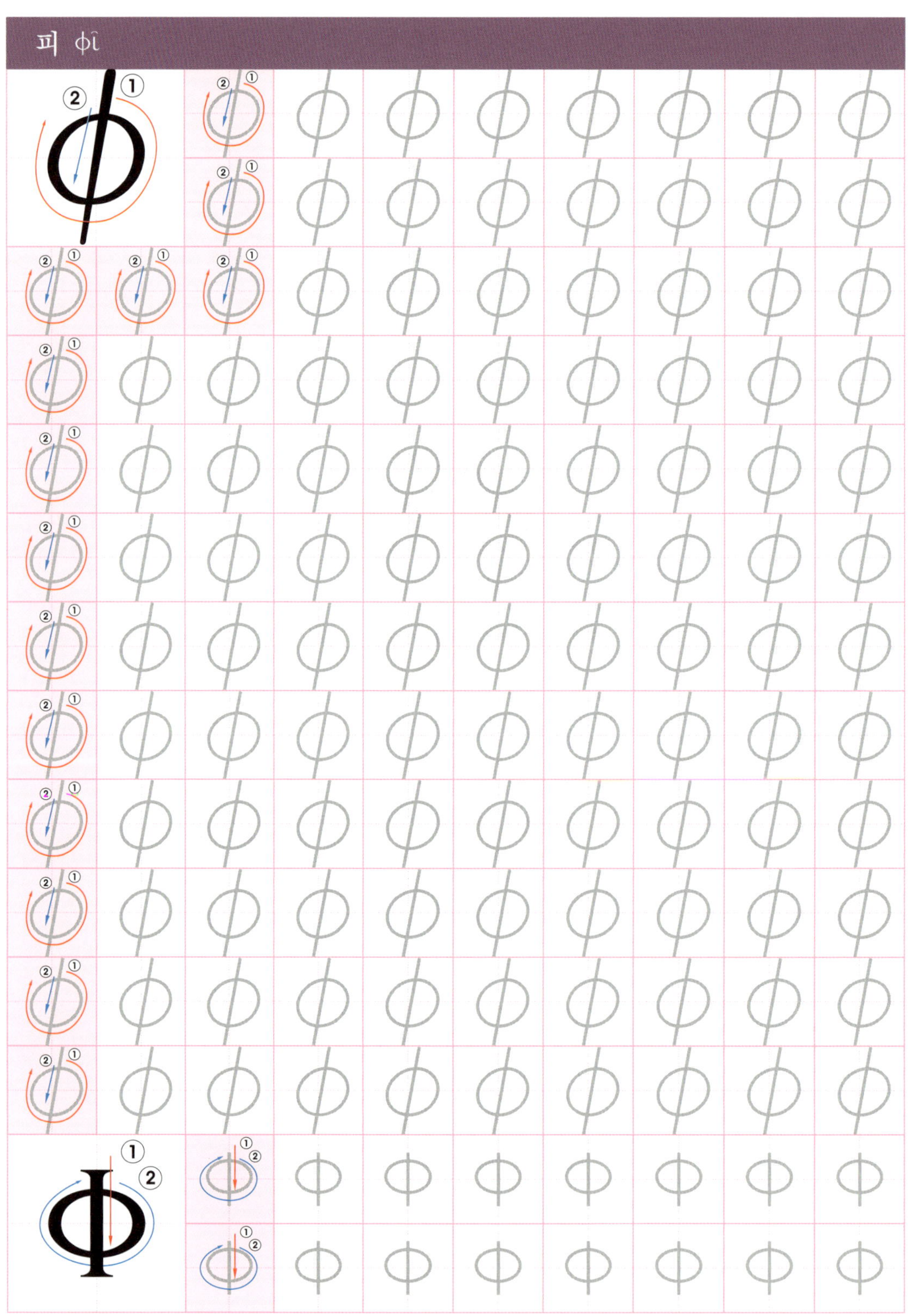

피 φî

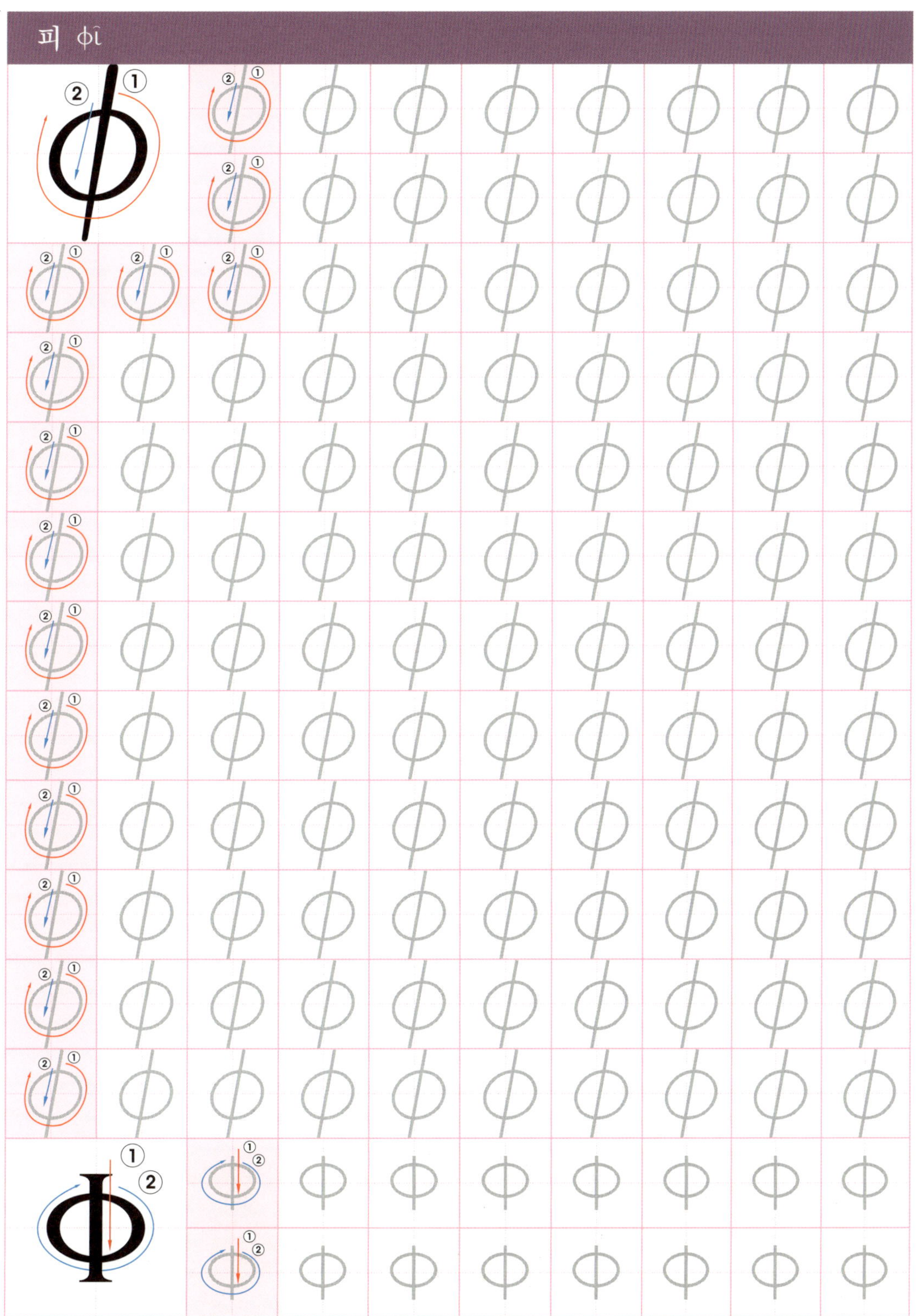

φυλάσσω 5442 휠랏소 * 행 7:53, 살후 3:3, 딤전 6:20, 딤후 1:14, 4:15,			지키다 / 보호하다
φυλάσσω	φυλάσσω	φυλάσσω	φυλάσσω
φυλάσσω	φυλάσσω	φυλάσσω	φυλάσσω
φυλάσσω	φυλάσσω	φυλάσσω	φυλάσσω
φυλάσσω	φυλάσσω	φυλάσσω	φυλάσσω
φυλάσσω	φυλάσσω	φυλάσσω	φυλάσσω
φυλάσσω	φυλάσσω	φυλάσσω	φυλάσσω
φυλάσσω	φυλάσσω	φυλάσσω	φυλάσσω
φυλάσσω	φυλάσσω	φυλάσσω	φυλάσσω
φυλάσσω	φυλάσσω	φυλάσσω	φυλάσσω
φυλάσσω	φυλάσσω	φυλάσσω	φυλάσσω
φυλάσσω	φυλάσσω	φυλάσσω	φυλάσσω
φυλάσσω	φυλάσσω	φυλάσσω	φυλάσσω

막 10:20 - 그가 여짜오되 선생님이여 이것은 내가 어려서부터 다 [지켰나이다]
눅 11:28 - 오히려 하나님의 말씀을 듣고 [지키는] 자가 복이 있느니라 하시니라
요 17:12 - 내게 주신 아버지의 이름으로 그들을 보전하고 [지키었나이다] 그중의 하나도
멸망하지 않고 다만 멸망의 자식뿐이오니 이는 성경을 응하게 함이니이다
요일 5:21- 자녀들아 너희 자신을 [지켜] 우상에게서 멀리하라

X

600

χ

키

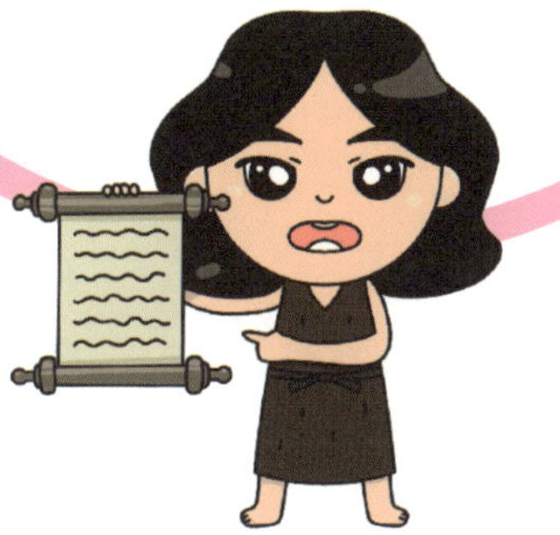

기원전 12세기 미케네 문명 붕괴 이후 사라진 선문자를 대체하여
기원전 9세기 이후 페니키아 문자를 기초로 만들어진 새로운 그리스어 중에서
셈어로는 표현할 수 없었던 세가지 문자 중 하나.
'크시'와 관련이 있다.

파생된 의미 : 뼈, 사다리, 봉, 숲, 말뚝, 지탱
문자의 변천 : X (영어) ⟵ O ⟶ Ξ ξ (헬라어)

'알파벳의 신비' – 마르크스 우아크냉(프랑스 랍비) 참고

키 χî

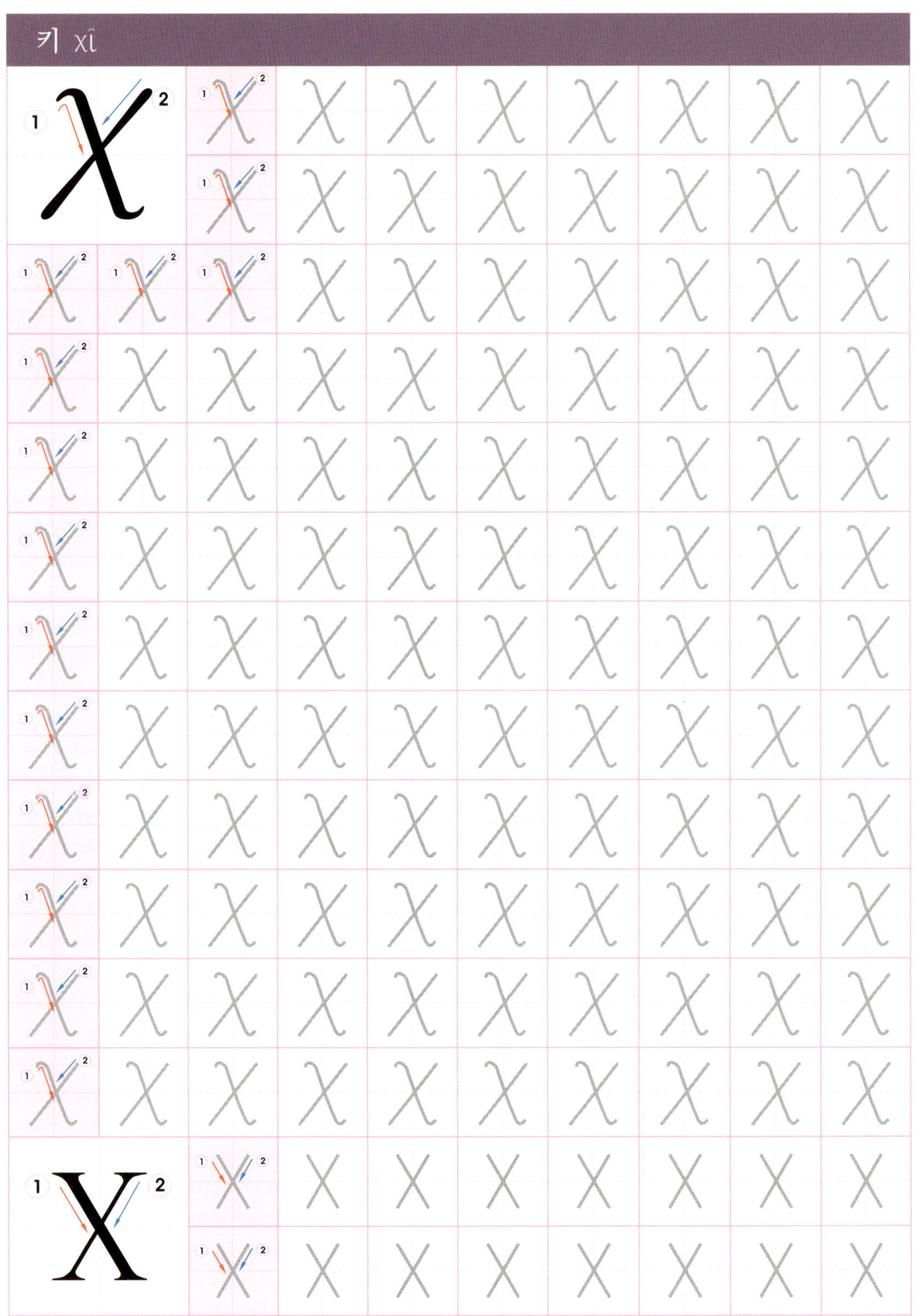

키 xî

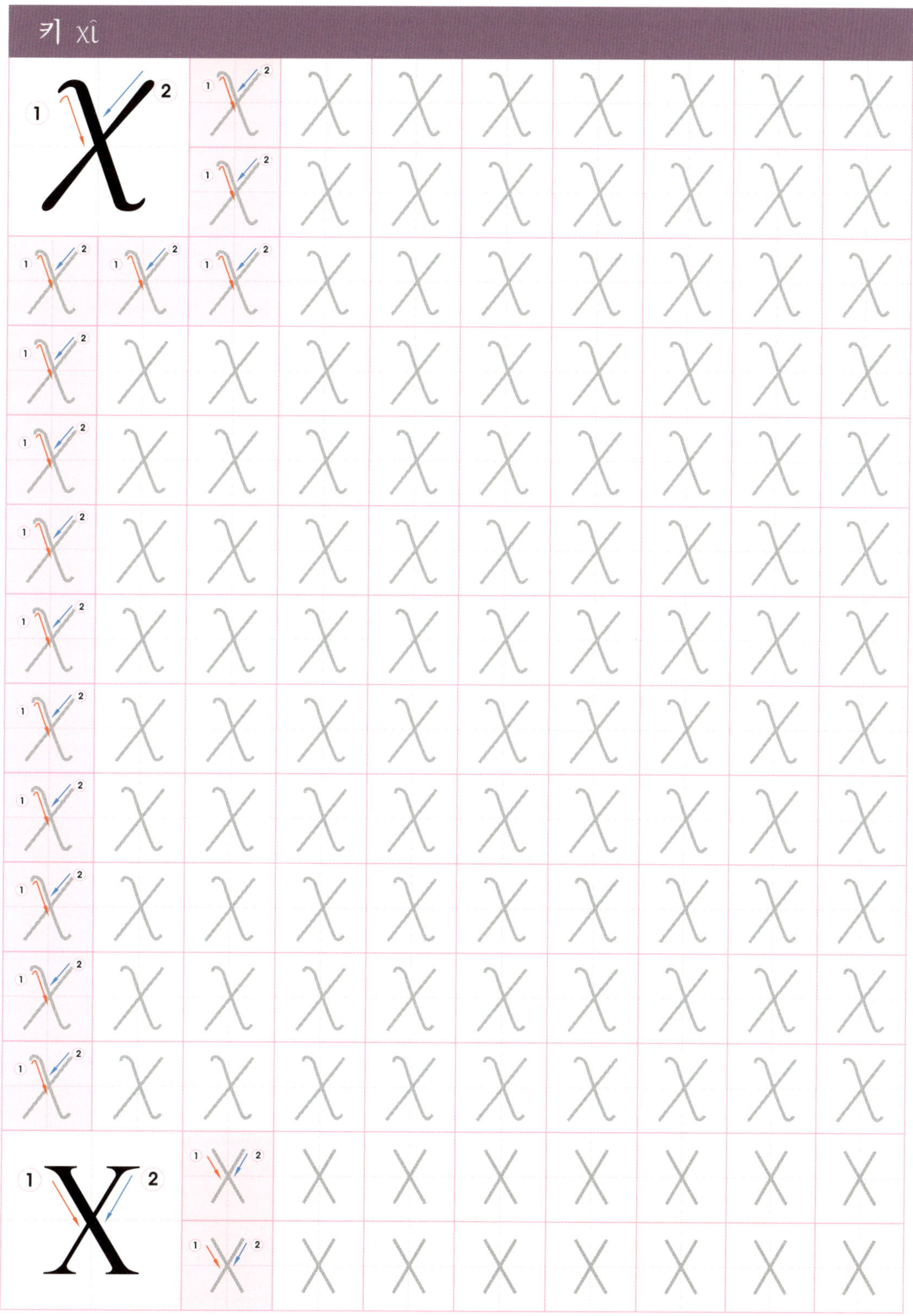

χάρις 5485 카리스 *엡 4:7, 2:8, 약 4:6, 히 4:16, 12:15 | 은혜 / 호의 / 감사

χάρις	χάρις	χάρις	χάρις
χάρις	χάρις	χάρις	χάρις
χάρις	χάρις	χάρις	χάρις
χάρις	χάρις	χάρις	χάρις
χάρις	χάρις	χάρις	χάρις
χάρις	χάρις	χάρις	χάρις
χάρις	χάρις	χάρις	χάρις
χάρις	χάρις	χάρις	χάρις
χάρις	χάρις	χάρις	χάρις
χάρις	χάρις	χάρις	χάρις
χάρις	χάρις	χάρις	χάρις
χάρις	χάρις	χάρις	χάρις

요 1:17 - 율법은 모세로 말미암아 주어진 것이요 [은혜]와 진리는 예수 그리스도로 말미암아
온 것이라
롬 5:21 - 이는 죄가 사망 안에서 왕 노릇 한 것 같이 [은혜]도 또한 의로 말미암아 왕 노릇 하여
우리 주 예수 그리스도로 말미암아 영생에 이르게 하려 함이라
계 22:21 - 주 예수의 [은혜가] 모든 자들에게 있을지어다 아멘

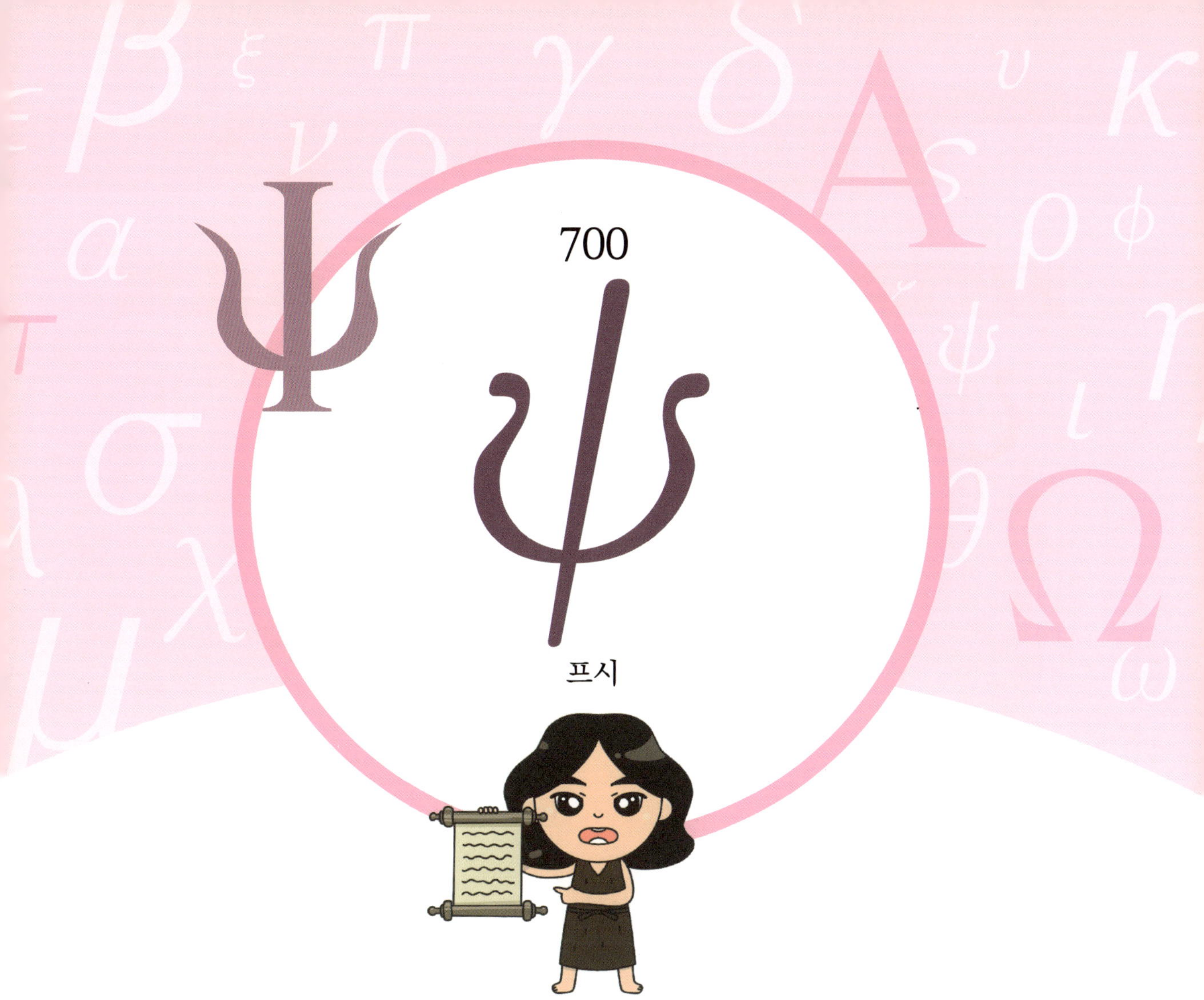

기원전 12세기 미케네 문명 붕괴 이후 사라진 선문자를 대체하여
기원전 9세기 이후 페니키아 문자를 기초로 만들어진 새로운 그리스어 중에서
셈어로는 표현할 수 없었던 세가지 문자 중 하나.

프시 ψ

프시 ψ

ψυχή 5590 프쉬케 *마 10:28 / 눅 2:35 / 행 7:14 / 살전 5:23 / 요일 3:16 / 계 20:4 영혼 / 목숨

ψυχή	ψυχή	ψυχή	ψυχή
ψυχή	ψυχή	ψυχή	ψυχή
ψυχή	ψυχή	ψυχή	ψυχή
ψυχή	ψυχή	ψυχή	ψυχή
ψυχή	ψυχή	ψυχή	ψυχή
ψυχή	ψυχή	ψυχή	ψυχή
ψυχή	ψυχή	ψυχή	ψυχή
ψυχή	ψυχή	ψυχή	ψυχή
ψυχή	ψυχή	ψυχή	ψυχή
ψυχή	ψυχή	ψυχή	ψυχή
ψυχή	ψυχή	ψυχή	ψυχή
ψυχή	ψυχή	ψυχή	ψυχή

마 6:25 - [목숨을 위하여] 무엇을 먹을까 무엇을 마실까 몸을 위하여 무엇을

마 10:39 - 자기 [목숨을] 얻는 자는 잃을 것이요 나를 위하여 자기 [목숨을] 잃는 자는 얻으리라

마 26:38 - 이에 말씀하시되 내 [마음이] 매우 고민하여 죽게 되었으니 너희는 여기 머물러

나와 함께 깨어 있으라 하시고

Ω

800

ω

오메가

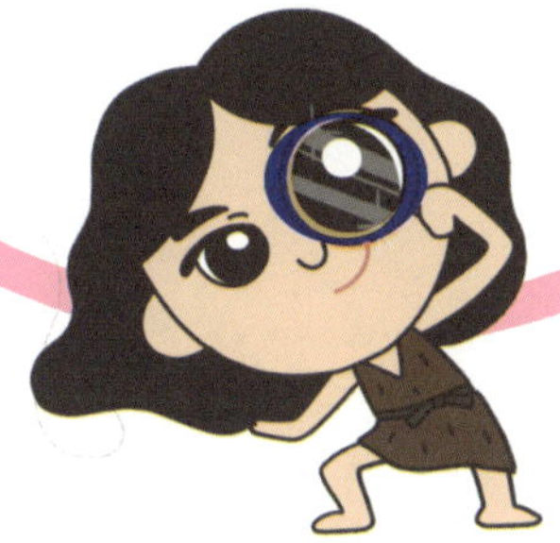

'오메가'는 오미크론의 장모음으로
눈을 형상화한 문자와 연관이 있다.

파생된 의미 : 나타남, 사라짐, 샘, 순환, 가시적인 것.
문자의 변천 : O (영어) ⟵ 〄 ⟶ O / Ω ω (헬라어)

'알파벳의 신비' - 마르크스 우아크냉(프랑스 랍비) 참고

오메가 *ὠμέγα*

오메가 *ὠμέγα*

ὠδίν 5604 오딘			고통 / 해산의 고통
ὠδίν	ὠδίν	ὠδίν	ὠδίν
ὠδίν	ὠδίν	ὠδίν	ὠδίν
ὠδίν	ὠδίν	ὠδίν	ὠδίν
ὠδίν	ὠδίν	ὠδίν	ὠδίν
ὠδίν	ὠδίν	ὠδίν	ὠδίν
ὠδίν	ὠδίν	ὠδίν	ὠδίν
ὠδίν	ὠδίν	ὠδίν	ὠδίν
ὠδίν	ὠδίν	ὠδίν	ὠδίν
ὠδίν	ὠδίν	ὠδίν	ὠδίν
ὠδίν	ὠδίν	ὠδίν	ὠδίν
ὠδίν	ὠδίν	ὠδίν	ὠδίν
ὠδίν	ὠδίν	ὠδίν	ὠδίν

마 24:8 - 이 모든 것은 [재난의] 시작이니라
막 13:8 - 곳곳에 지진이 있으며 기근이 있으리니 이는 [재난의] 시작이니라
행 2:24 - 하나님께서 그를 사망의 [고통에서] 풀어 살리셨으니 ...
살전 5:3 - 그들이 평안하다, 안전하다 할 그 때에 임신한 여자에게 [해산의 고통이] 이름과 같이
멸망이 갑자기 그들에게 이르리니 결코 피하지 못하리라

확인용
연습문제
Practice

헬라어 알파벳을 익히기 위해
열심히 달려오신 여러분 수고하셨습니다.
마지막 연습문제로 실력을 확인해보세요.

이어보기
알파벳 써보기
대문자 소문자 바꿔 써보기
한글 음독 써보기

◆◇ 소문자와 대문자를 올바르게 이어 보십시오.

ζ ·	· Ε	χ ·	· Ζ	υ ·	· Ν
δ ·	· Λ	ζ ·	· Τ	ω ·	· Π
∈ ·	· Ζ	τ ·	· Χ	ι ·	· Υ
λ ·	· Δ	ξ ·	· Α	ν ·	· Ω
γ ·	· Α	λ ·	· Η	π ·	· Ρ
α ·	· Κ	α ·	· Λ	ρ ·	· Ι
κ ·	· Γ	η ·	· Ξ	γ ·	· Γ

ο ·	· Ι	ο ·	· Γ	ξ ·	· Υ
ι ·	· Ν	υ ·	· Θ	δ ·	· Θ
β ·	· Ο	γ ·	· Ο	υ ·	· Ξ
σ ·	· Ω	ω ·	· Κ	η ·	· Δ
κ ·	· Β	θ ·	· Υ	φ ·	· Η
ν ·	· Σ	δ ·	· Ψ	θ ·	· Φ
ω ·	· Δ	κ ·	· Δ	μ ·	· Σ
δ ·	· Κ	ψ ·	· Ω	ς ·	· Μ

알파벳 써보기

◆◇ 한글발음에 대한 헬라어 대문자와 소문자를 써보십시요.

1.알파 - A α	17.로 -	34.에타 -
2.베타 -	18.시그마 -	35.로 -
3.감마 -	19.타우 -	36.엡실론 -
4.델타 -	20.윕실론 -	37.타우 -
5.엡실론 -	21.피 -	38.델타 -
6.제타 -	22.키 -	39.피 -
7.에타 -	23.프시 -	40.제타 -
8.데타 -	24.오메가 -	50.오미크론 -
9.이오타 -	25.이오타 -	51.키 -
10.캎파 -	26.윕실론 -	52.알파 -
11.람다 -	27.캎파 -	53.프시 -
12.뮈 -	28.시그마 -	54.감마 -
13.뉘 -	30.람다 -	55.람다 -
14.크시 -	31.크시 -	56.베타 -
15.오미크론 -	32.뮈 -	57.뉘 -
16.피 -	33.오메가 -	58.윕실론 -

◆◇ 대문자를 소문자로 써보십시요.

A	α	Π		Z		Υ	
B		P		N		Δ	
Γ		Σ		Ξ		P	
Δ		T		Θ		N	
E		Υ		T		Ξ	
Z		Φ		Δ		A	
H		X		M		Λ	
Θ		Ψ		H		Π	
I		Ω		P		K	
K				Σ		Φ	
Λ		K		O		Z	
M		E		Ω		Γ	
N		Υ		Λ		Θ	
Ξ		B		Υ		H	
O		Ψ		I		Ψ	

◆◇ 소문자를 대문자로 써보십시오.

α	A	π		ζ		π	
β		ρ		χ		θ	
γ		σ		γ		∈	
δ		S		α		ζ	
∈		τ		∈		τ	
ζ		υ		κ		σ	
η		φ		η		φ	
θ		χ		ω		η	
ι		ψ		ι		γ	
κ		ω		ξ		ρ	
λ				λ		χ	
μ		δ		μ		υ	
ν		S		ν		δ	
ξ		ψ		υ		ν	
ο		β		ο		λ	

◆◇ 헬라어 단어의 한글 음독을 쓰시오.

1. βίβλος	비블로스	2. ἄνθρωπος	안드로포스
3. καιρός		4. γῆ	
5. διάβολος		6. μέγας	
7. ζωή		8. οὕτω	
9. λόγος		10. εἰμί	
11. ξενίζω		12. λέγω	
13. ἡμέρά		14. γάρ	
15. νόμος		16. θάνατος	
17. ὠδίν		18. γλῶσσα	
19. παράκλητος		20. ἰχθύς	
21. φυλάσσω		22. ἔργον	
23. τέλος		24. βασιλεία	
25. ψυχή		26. μετάνοιά	
27. ἅγιος		28. ὁδός	
29. προσευχή		30. ῥῆμα	
31. σωτηρία		32. σταυρός	
33. μαρτυρία		34. χάρις	
35. καιρός		36. υἱοθεσία	
37. ἀγάπη		38. Βάαλ	
39. ἄρτος		40. θάνατος	
41. ἔχω		42. μυστήριον	
43. πάλιν		44. αἷμα	
45. οὗτος		46. θάλασσα	
47. πᾶς		48. ἀλήθεια	
49. διά		50. μετάνοια	

헬라어 문법요약

Grammar Summary

헬라어 알파벳의 기본을 익히신 여러분
이제 잠시 휴식하시면서
심도있는 학습을 위한 디딤돌이 되어줄
문법 요약을 검토해 보세요.

명 사
동 사
형용사
전치사
부 사
접속사

명사는 의미상 보통명사, 고유명사, 그리고 추상명사로 나뉜다.
· 보통명사 – 학교, 책상, 의자 등 사물의 성질을 가진 대상을 나타내는 낱말.
· 고유명사 – 서울, 영동, 아라랏산 등 같은 성질의 대상 중 어느 하나를 다른 것과
　　　　　　구분하여 나타내는 낱말.
· 추상명사 – 믿음, 소망, 사랑 등 추상적인 개념을 나타내는 낱말.

문장을 이루어가는데 있어서의 명사의 기능은
주어, 목적어, 보어, 전치사의 목적어로 사용되며 성, 수, 격을 가지고 있다.

성(性)
Gender

남성(M)　　여성(F)　　중성(N)

수(數)
Number

단수(S)　　복수(P)

격(格)
Case

주격(N)　　속격/소유격(G)　　여격(D)
대격/목적격(A)　　호격(V)

동사는 주어(사람, 사물)의 동작과 상태를 나타내는 낱말이다.
"~이다, ~한다" 의 술어 역할을 한다. 이는 형용사와 같은 역할을 한다고 볼 수 있으나
형용사는 명사를 수식하기 때문에 명사에 의해서 그 성격이 결정되고,
동사는 다른 낱말의 문법적 자격을 결정하고 지배하는 중요한 위치를 가진다.

동사는 어간과 어미로 구성되어 있다. 어간은 변하지 않고 어미가 변하기 때문에
어미에 따라 화법, 시제, 태, 인칭, 수가 결정되고, 인칭과 수에 의해 주어가 나타난다.
그러므로 동사는 주어 없이도 단독으로 동작의 주어를 나타낼 수 있다.
예를 들어 동사가 1인칭 단수이면 "내가 ~한다"로 해석한다.
따라서 동사는 그 어미에 주어를 포함하고 있다.

법(法)
Mood

(1) 직설법　(2) 가정법　(3) 명령법　(4) 희구법

시상(時狀)
tense

(1) 제1시상 (현재, 현재완료, 미래, 미래완료)
(2) 제2시상 (미완료과거, 단순과거, 과거완료)

태(態)
voice

(1) 능동태(A)　(2) 중간태(M)　(3) 수동태(P)
(4) 디포넌트태

헬라어 형용사

형용사는 명사의 성질이나 상태를 나타낸다.
명사와 함께 쓰이며, 명사 없이 단독으로 쓰일 때에는 명사의 역할을 대신한다.

   ***** 명사와 형용사 모두 관사 없이 사용되는 경우가 있는데
    이때는 한정적, 서술적 모두 해석이 가능하다.

1. 한정적 용법
명사를 꾸며주는 역할을 하며 형용사 앞에 관사가 있다.

2. 서술적 용법
명사를 풀어주는 역할을 하며 형용사 앞에 관사가 없다.

3. 독립적 용법
(명사적 용법)
명사의 역할을 하기 때문에 명사적 용법이라고도 한다.
이때 형용사 앞에 관사가 있을 때도 있고 없을 때도 있다.

**전치사는 명사나 대명사 앞에 놓여서
문장의 다른 부분과의 관계를 규정한다.**
전치사는 단독으로 사용되지 않으며
명사나 대명사와 함께 전치사구를 이룬다.

소유격 지배 전치사	ἀντί ἀπό ἐκ πρό
여격지배 전치사	ἐν σύν
목적격 지배 전치사	ἀνά εἰς
소유격과 목적격 지배 전치사	διά κατά μετά περί ὑπέρ ὑπό
소유격, 여격, 목적격 모두 지배하는 전치사	ἐπί παρά πρός

부사는 동사, 형용사, 그리고 다른 부사를 수식한다.
문장 전체에 영향을 주거나 특정 낱말을 강조하는 역할을 한다.

고유부사(시간, 장소, 방법, 정도, 출처 등을 나타낸다)

1451 ἐγγύς	3361 μή	3761 οὐδε
1563 ἐκεῖ	3365 μηδαμῶς	3765 οὐκέτι
1564 ἐκεῖθεν	3366 μηδέ	3779 οὕτω
1715 ἔμπροσθεν	3371 μηκέτι	3768 οὔπω
1759 ἐνθάδε	3425 μόγις	3780 οὐχί
1799 ἐνώπιον	3440 μόνον	3825 πάλιν
1854 ἔξω	3483 ναί	4159 πόθεν
2089 ἔτι	3568 νῦν	4178 πολλάκις
2112 εὐθέως	3654 ὅλως	4212 ποσάκις
2193 ἕως	3606 ὅθεν	4218 ποτε
2235 ἤδη	3699 ὅπου	4225 που
2481 ἴσως	3704 ὅπως	4458 πῶς
2531 καθώς	3740 ὁσάκις	4594 σήμερον
2532 καί	3752 ὅταν	5119 τότε
2570 καλός	3753 ὅτε	5602 ὧδε
3123 μᾶλλον	3123 μᾶλλον	5613 ὡς
3360 μέχρι	3756 ου(	5618 ὥσπερ

접속사는 낱말이나 구, 절, 문장을 이어주는 역할을 한다.
어미변화하지 않는다.

등위접속사

(1) 연결접속사 – καί, και⋯και, οὐδέ, οὐδέ⋯οὐδέ
 οὐκ⋯οὐδέ, οὐδέ⋯μηδέ, μηδέ
(2) 반의접속사 – ἀλλά, δέ
(3) 선택접속사 – ἤ
(4) 추론접속사 – οὖν
(5) 원인접속사 – γάρ

종속접속사

ἐάν, ἐάν και, ἐάνπερ, εἰ, ἵνα, ὅτι, ἐπεί
ἕως, ὅπως, με, μήποτε

우위접속사

ἀλλά, διό, ὡς, ὥστε

헬라어 알파벳 교본

발행인 김민선
편 집 ONO 기획부

초판 1쇄 인쇄 2021년 3월 10일
초판 2쇄 발행 2024년 8월 26일

발행처 도서출판 O.N.O
주 소 경기 의정부시 백석로 68번길 24 B1
전 화 02-922-6872, 070-4103-6890
FAX 02-926-5406
E-mail ono1001@naver.com
등 록 제 2019-000005호
등록일자 2019년 2월 13일

편집 디자인 말쿠트
캐릭터 디자인 남궁주혜

ISBN   979-11-91047-28-8